나는 믿습니다
: 청소년 세례·입교 교리 교육

나는 믿습니다 : 청소년 세례·입교 교리 교육(학생용)

발행   2022년 11월 26일

지은이   강미랑
발행인   윤상문
디자인   박진경, 표소영
발행처   킹덤북스
등록   제2009-29호(2009년 10월 19일)
주소   경기도 용인시 기흥구 동백동 622-2
문의   전화 031-275-0196 팩스 031-275-0296

ISBN 979-11-5886-266-4 (03230)

Copyright ⓒ 2022 강미랑
이 책은 저작권법에 따라 보호받는 저작물이므로 무단전재와 복제를 금지하며,
이 책의 내용의 전부 또는 일부를 이용하려면 반드시 저작권자와 킹덤북스의
서면 동의를 받아야 합니다.

※ 잘못된 책은 구입한 곳에서 교환하여 드립니다.
※ 책 가격은 표지 뒷면에 있습니다.

킹덤북스 Kingdom Books 킹덤북스(Kingdom Books)는 문서사역을 통해 하나님의 나라를 확장하고, 한국 교회와 세계 교회를 섬기고자 설립된 출판사입니다.

 개혁교회의 신앙교육 매뉴얼 별권(학생용)

나는 믿습니다
: 청소년 세례·입교 교리 교육

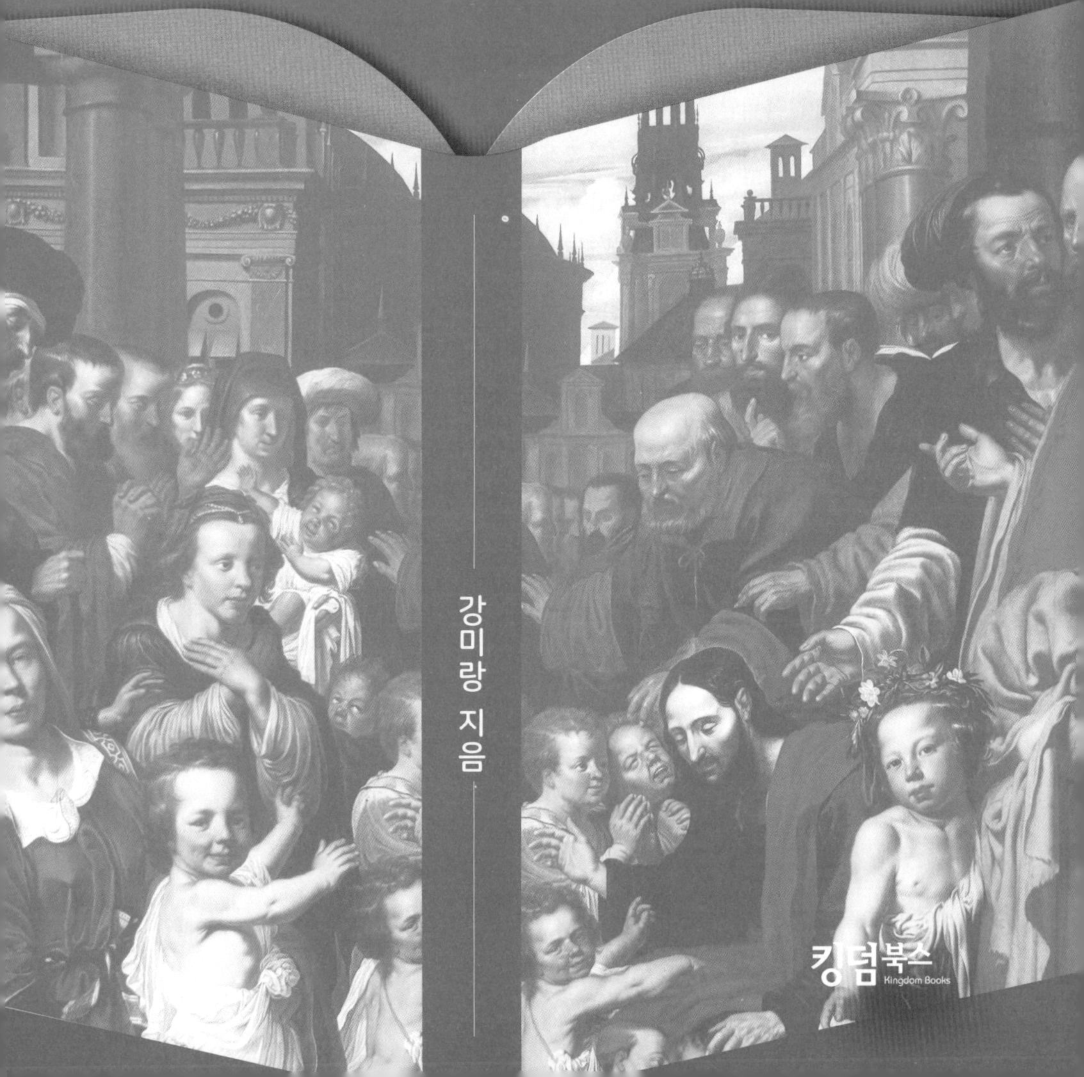

강미랑 지음

킹덤북스
Kingdom Books

목차

- 왜 이 과정을 공부하나요? · 5

1과: 나는 하나님의 창조를 믿습니다. · 10
2과. 나는 성경이 하나님 말씀임을 믿습니다. · 18
3과. 나는 삼위 하나님의 "언약"을 믿습니다. · 25
4과. 나는 삼위 하나님의 구원 역사를 믿습니다. · 34
5과. 나는 인간이 타락한 죄인임을 깨닫습니다. · 47
6과. 나는 예수님이 우리의 중보자로 오심을 믿습니다. · 56
7과. 나는 예수님의 십자가와 부활을 믿습니다. · 62
8과. 나는 우리와 함께 하시는 성령님을 믿습니다. · 71
9과. 나는 말씀과 성령으로 인도하시는 그리스도의 몸 된 교회를 믿습니다. · 80
10과. 나는 성령님께서 말씀과 성례로 믿음을 자라게 하심을 믿습니다. · 89
11과. 하나님 나라의 시민 된 나는 하나님을 사랑합니다. · 100
12과. 하나님 나라의 시민 된 나는 이웃을 사랑합니다. · 108
13과. 나는 기도가 하나님이 요구하시는 감사의 행동임을 믿습니다. · 114
14과. 예수 믿는 나는 죽어도 영생 얻음을 믿습니다. · 120
15과. 나는 믿음의 고백으로 성찬의 자리에 나아갑니다. · 130

*참고 문헌 · 141

왜 이 과정을 공부하나요?

샬롬, 안녕하세요?

이 책을 펴는 순간 여러분에게 축하한다고 이야기하고 싶어요. 여러분이 하나님의 자녀로 택함 받은 것을 축하합니다. 여러분이 벌써 교회에 잘 다니고 있을 것이고, 조만간 세례나 입교식에 참석하게 될 만큼 여러분 마음속에 신앙이 자라 있을 것이기에 축하의 말을 전합니다. 이것을 또한 은혜라고 하죠. 하나님께서 우리 마음에 믿음을 일으켜 주셔서 우리가 이 책을 펼치게 된 것이니까요.

이 책을 쓰면서 그런 축복을 받은 여러분을 만날 기대로 가득했답니다. 그리고 그러한 은혜의 복음을 만난 종교개혁자들과 그 후예들이 정리하여 전해준 신앙교육서들을 통해 성경의 내용들을 소개하고자 했습니다.

이 책에 담겨 있는 내용들은 우리가 하나님의 교회의 일원이 되기 위해 꼭 알고 믿어야 할 핵심 진리들입니다. 성경을 직접 읽으며, 개혁교회가 물려준 교리문답의 내용을 오늘날 교회의 상황에 맞게 15개 주제로 요약해보았어요. 각 과는 우리가 성경을 통해 알고 믿어야 할 바를 정리하여 신앙고백의 내용에 이르기를 목표했어요. 믿음은 성령님이 주시는 선물입니다. 말씀과 성령의 도우심으로 하나하나 자신의 신앙으로 받아들여지길 간절히 기도합니다. 한 주에 한 과씩 공부하여 15주 동안 배우고 묵상하여, 머리에서 마음으로, 그리고 나의 언어로 진정한 신앙고백에 이르게 되길 기대합니다.

믿음을 배우는 교육이기에 머리로만 공부하는 것이 아니라 마음으로 받아들이고, 기도하며 깨닫고, 손과 발로 행동하기에 이르려면 정말 더 많은 시간이 필요할 거예요.

저도 이 책을 정리하면서 부족했던 믿음의 내용들, 실천들을 보충할 수 있게 되어서 감사했어요.

이 과정을 인도해주실 목회자 또는 선생님과 또한 친구들과 함께 공부하면서 하나님의 사랑과 은혜와 놀라운 인도하심을 깨닫고 정말 깊이깊이 감사하는 기회가 되길 바랍니다. 그리고 깨닫고 배운 바를 하나님 앞에서, 동시에 교회 성도들 앞에서 기쁨으로 고백하는 축복의 시간 갖으시길 바랍니다.

그리고 신앙의 집의 기둥이 든든히 세워졌다면 이제 계속해서 성경을 읽고, 공부하고, 기도하며 더 견고하고, 멋진 집의 내부, 외부의 구조들을 완성해 나가는 신앙 훈련들을 계속 해나가길 바랍니다.

여러분이 우리 신앙의 미래입니다. 교회의 미래이구요. 마지막 날에 하나님의 언약으로 세워진 교회가 깨끗하고 준비된 신부로서 등불을 들고 신랑 되시는 우리 예수님을 맞으러 나갈 수 있도록 여러분이 또 다음 세대에게 이 믿음을 이어주길 간절히 부탁합니다.

이 책을 공부하다가 질문이 생기면 언제든지 아래의 메일로 질문해 주세요. 정성껏 답해드릴게요.

신앙의 기초 세우는 이 과정에 참여하게 된 여러분을 위해 기도하며….

강미랑 드림
메일 주소 : mirang_kang@hanmail.net

청소년 입교교육 지도서

나는 믿습니다

청소년 세례·입교 교리교육

1과 | 나는 하나님의 창조를 믿습니다.

|1| 나를 멋지게 소개해보세요.

> 1. 어디서 태어났는지?
> 2. 부모님이나 친구들이 말하는 나의 특징은?
> 3. 이름의 뜻은 무엇?
> 4. 나는 누구를 닮았는지?(성격, 외모, 체질 등)
> 5. 한 가지 나를 자랑하자면?

|2| 인간은? : 네이버 지식백과에서-

생물학적 견지에서 영장류, 호모사피엔스. 가장 가까운 유인원에 비해 해부학적으로 두골의 형태에서 차이를 보이며 직립보행이 특징. 언어를 사용하는 가장 발달된 동물. 다른 동물에 비해 자신의 행동을 사고, 감정, 의지, 법칙들을 토대로 통제할 수 있다. 심리적 작용에 의하여 이성 및 의지력이 있고, 종교적 신앙이 있다. 다른 동물들은 자연 조건에 스스로를 적응시키지만, 인간은 도구를 활용하여 자연을 변화시키고, 개발, 활용할 수 있다. 사회성이 있어서 조직을 이루고 살고, 노동하고, 문화를 이룬다.

 나는 왜 이 땅에 왔을까?

나는 이 땅에서 무엇을 해야할까?

나는 어디로 가는 것일까?

과학과 백과사전의 정보들은 위와 같은 인간의 근본적 질문들에 대해 어떠한 답도 알려주지 못합니다.

그런데, **우리는 성경을 통해** 이러한 근본적 질문들에 대한 명쾌한 **열쇠**를 발견합니다!

 **나는 하나님의 창조를 믿습니다.**

* 성경을 펼쳐서 첫 번째 구절을 읽어보세요.

성경의 제일 처음에 나오는 구절은

성경의 열쇠와 같습니다.

"태초에 하나님이 천지를 창조하시니라"

성경은 하나님이 이 세상을 만드신

이야기로 시작합니다.

창세기는 모든 것의 시작 이야기입니다.

여기에 사람의 시작 이야기도 나옵니다.

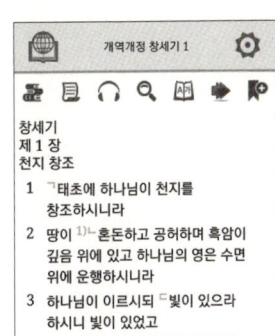

창세기 1:24-31

24 하나님이 이르시되 땅은 생물을 그 종류대로 내되 가축과 기는 것과 땅의 짐승을 종류대로 내라 하시니 그대로 되니라
25 하나님이 땅의 짐승을 그 종류대로, 가축을 그 종류대로, 땅에 기는 모든 것을 그 종류대로 만드시니 하나님이 보시기에 좋았더라
26 하나님이 이르시되 (   )을 따라 (   )대로 우리가 (   )을 만들고 그들로 바다의 물고기와 하늘의 새와 가축과 온 땅과 땅에 기는 모든 것을 다스리게 하자 하시고
27 하나님이 자기 형상 곧 하나님의 형상대로 사람을 창조하시되 남자와 여자를 창조하시고
28 하나님이 그들에게 복을 주시며 하나님이 그들에게 이르시되 생육하고 번성하여 땅에 충만하라, 땅을 정복하라, 바다의 물고기와 하늘의 새와 땅에 움직이는 모든 생물을 다스리라 하시니라
29 하나님이 이르시되 내가 온 지면의 씨 맺는 모든 채소와 씨 가진 열매 맺는 모든 나무를 너희에게 주노니 너희의 먹을 거리가 되리라
30 또 땅의 모든 짐승과 하늘의 모든 새와 생명이 있어 땅에 기는 모든 것에게는 내가 모든 푸른 풀을 먹을 거리로 주노라 하시니 그대로 되니라
31 하나님이 지으신 그 모든 것을 보시니 보시기에 심히 좋았더라 저녁이 되고 아침이 되니 이는 여섯째 날이니라

Q 위의 성경 구절들을 읽고 발견한 정보들을 적어보세요.

Q 하나님이 창조하신 세상의 모습은 어떠했나요?

Q 인간이 하나님의 형상으로 창조되었다는 것은 어떤 의미가 있을까요?

> **하이델베르크 요리문답 6문**
> 답: "…하나님은 사람을 선하게 또한 자신의 형상, 곧 참된 의와 거룩함으로 창조하셨습니다. 이것은 사람으로 하여금 자신의 창조주 하나님을 바르게 알고, 마음으로 사랑하며, 영원한 복락 가운데서 그와 함께 살고, 그리하여 그분께 찬양과 영광을 돌리기 위함입니다."

1. 하나님을 따라 ☐와 ☐☐와 ☐☐☐으로 지으심을 받음(에베소서 4:24)
2. 하나님의 형상이므로 하나님을 바르게 ☐고, ☐☐하고, 영원한 ☐을 누리며 그분과 함께 살도록 하심
3. 그렇게 하나님을 찬양하고, 하나님께 ☐☐ 돌리며 사는 것이 인간의 본래 존재 ☐☐이자 행복

* 우리가 누구인지는 "하나님의 형상으로 지음받은 피조물"이라는 것에 답이 있습니다.

Q 하나님이 창조하셨다는 것은 우리에게 무엇을 깨닫게 하나요?

(시 24:1
땅과 거기에 충만한 것과 세계와 그 가운데에 사는 자들은 다 여호와의 것이로다)

Q 위의 본문에서 '우리의 형상'이라는 표현이 특이합니다. 하나님은 왜 자신을 "우리"라는 복수로 표현하셨을까요?

하나님은 태초부터 성부, 성자(말씀), 성령으로 계셨어요. 우리가 이해하기 어렵지만 하나님은 태초부터 성부, 성자, 성령님이 함께 영으로 계시는 분이십니다. 이것을 한 자로 만든 단어가 "삼위일체"입니다. 이 삼위일체 하나님께서 아무도 없는 데서 세상을 창조하시고 형상과 질서를 세우셨습니다.

Q 그런데 삼위일체 하나님은 남자일까요, 여자일까요?

창조주 하나님은 남자도, 여자도 아닙니다. 하나님은 삼위로 계시는 분으로, 성별이 없으세요. 그러나 하나님께서는 인간을 두 가지 성별로 만드셔서 결혼을 통해 온전한 하나가 되길 원하십니다. 이것이 인간을 향한 하나님의 계획이셔요.

인간은 하나님의 형상이므로 남자도 하나님의 형상, 여자도 하나님의 형상입니다. '삼위'는 아니지만, '남자'와 '여자'가 하나되는 훈련의 장이 가정입니다. 그리고 하나님께서는 '결혼'을 통해서 인간이 자신들을 닮은 자손을 낳을 수 있는 축복의 방법을 마련해 주셨습니다. 우리는 자녀들을 창조할 수 없지만, 남자와 여자의 결혼을 통해 하나님께서 그 가정에 우리를 닮은 하나님의 자녀를 선물로 보내주시는 것입니다. 하나님의 형상으로 창조된 인간은 가정과 사회를 이루고 함께 살아가는 존재입니다. 하나님이 삼위로 계시며 온전히 사랑하시고 협력하시는 것처럼, 우리도 서로의 다름을 사랑으로 수용하며, 각각의 은사로 서로 돕기를 원하세요. 이렇게 아름다운 하나됨을 이루어 하나님의 형상을 나타내기를 기대하신답니다.

 하나님 형상으로 창조된 우리에게 하나님께서 부탁하신 것이 있어요. 이것을 "소명"이라고 해요.

> 『우리의 세상은 하나님의 것이다: 미국CRC 교단의 현대신앙문서』 10항.
> "하나님의 형상을 따라 창조된 우리는 창조주와 사랑의 관계 안에 살게 되었으며 창조 세계를 돌보고 즐거워하는, 그리고 우리의 이웃을 사랑하는 이 세상의 관리자와 돌보는 자로 소명을 받았다. 하나님의 세상이 발전하고 행복함으로 모든 피조물과 그 안에 사는 모든 것들이 풍요로워지도록 하나님께서는 우리의 노력을 사용하신다."

하나님의 세상을 향한 나의 소명 찾기

1. 하나님 형상으로 창조된 나는 무엇을 할 때에 가장 행복한가요?

2. 나는 어떠한 노력으로 하나님의 세계를 발전시킬 수 있을까요?

3. 세상에는 돌봄이 필요한 분야가 많아요. 그리고 우리의 돌봄을 필요로 하는 이웃도 많이 있습니다. 나는 어떠한 곳에 마음이 가나요? 어떤 사람을 보면 돕고 싶나요?

 오늘 배운 믿음의 내용을 한 문장으로 정리해봅시다.

사랑의 하나님,

우리는 이 땅에 살면서 세상이 주는 편견들로 인해 우리가 너무나 작고, 힘없고, 무능해 보일 때가 있습니다. 그런데 성경을 통해 우리가 얼마나 중요한 존재인지 다시금 생각하게 됩니다.

하나님께서 우리를 하나님의 형상으로 창조하시고, 다른 어떤 동물과 달리 우리에게 세상을 관리하고, 돌보는 사명을 주셨음에 감사합니다.

자존감이 낮아질 때마다 내가 누구인지를 기억하고 하나님의 진리와 거룩함과 의로움으로 채워가며, 하나님 닮아가며, 세상과 주변 이웃을 돌보기 원합니다. 하나님을 알아가는 기쁨을 주시고, 더욱 열심히 하나님을 배우게 하소서.

예수님의 이름으로 기도합니다. 아멘.

세례·입교 예비자 교육 매뉴얼

2과 | 나는 성경이 하나님 말씀임을 믿습니다.

1과 복습

< 하나님의 창조와, 하나님의 형상으로서의 인간 >

1. 우리는 하나님의 ☐☐ 으로 지음받은 존귀한 자들이다.

2. 창조는 ☐☐ 하나님, 말씀으로 계셨던 ☐☐ 하나님, ☐☐ 하나님 삼위일체 하나님의 동역.
   삼위 하나님을 닮은 인간은 남자와 여자로 창조되었다. 인간도 남자와 여자가 원래 하나였고, ☐☐ 으로 다시 하나 되도록 계획하셨다.

3. 창조주 하나님은 그분의 사랑으로 세상과 인간을 창조하셨고, 하나님의 형상인 인간은 창조주 하나님을 ☐☐[1]하고, ☐☐[2]으로 반응한다. 이것이 하나님과 인간의 관계

4. 하나님이 세상과 인간의 주인으로서, 인간을 ☐☐☐[3]로 위임하셔서 세상을 다스리게 하심 = 세상을 향한 책임, ☐☐

5. 하나님의 세계는 하나님이 보시기에 심히 ☐☐☐ : 질서 - 조화로움.

---

1 경외: 공경하고 두려워함. awe, respect
2 순종: 말씀을 잘 듣고 따름. obedience
3 청지기 : 관리자, 돌보는 자

18 나는 믿습니다: 청소년 세례·입교 교리 교육(학생용)

 **나는 성경이 하나님의 말씀임을 믿습니다.**

나는 누구인가? ⇨ 하나님의 형상 ⇨ 하나님은 누구신가?
⇨ 성경 ♥ ⇨ 하나님 ♥ ⇨ 나 ♥

내가 누구인지는 하나님을 이해함으로 더 잘 알게 됩니다. 그런데 어떻게 우리가 하나님을 알 수 있을까요? 우리가 스스로 하나님을 알 수 없습니다. 하나님께서 스스로 우리에게 알려주셔야만 우리가 그분을 알 수 있습니다.

다행히도 하나님께서는 자신을 성경에 다 알려주셨습니다. 그래서 우리는 성경을 통하여 하나님이 누구신지 알 수 있고, 그로부터 하나님의 형상인 우리가 누구인지 알게 되는 것입니다.

그러므로 우리는 성경을 배움으로 하나님을 영화롭게 하는 복된 인간의 삶을 살게 되는 것입니다.

> **칼빈의 제네바 요리문답 1문, 2문**
> 1문: 인간의 삶의 제일된 목적이 무엇입니까? (= 3문 인간의 최상의 행복)
>   답: 인간을 창조하신 하나님을 □□ 것입니다.
> 2문: 무슨 이유에서 당신은 그렇게 말합니까?
>   답: 하나님은 우리들 가운데 영광을 받으시기 위하여 우리를 지으시고 세상에 살게 하셨기 때문입니다. 또 하나님은 우리의 삶의 □□이시기 때문에 우리가 하나님의 영광을 위해 삶을 살아가는 것은 당연한 일입니다.

Q 먼저, 내가 알고 있는 하나님에 대해 세 가지만 써보세요.

Q 하나님을 바르게 더 깊이 알려면, 우리는 ☐☐을 펼쳐야 합니다. 성경을 통해 하나님을 알 수 있고, 하나님 형상인 내가 누구인지도 알게 됩니다.

하나님이 어떤 분인지 성경을 직접 찾아 적어보세요.

1. 사랑이 풍성하신 ☐☐☐
신명기 1:31 (자기 백성을 아들처럼 안아서 인도하심)
시편 103:13 (자기를 경외하는 자를 아버지가 자식을 긍휼히 여김같이 여기심)
이사야 63:16 (주는 우리의 아버지시라)
: 아버지는 생명을 주는 존재, 자녀를 낳는 존재. 하나님은 영원 전부터 생명을 주시는 분

2. 하나님은 ☐☐하신 분
신명기 6:4 (우리 하나님 여호와는 오직 유일한 여호와)

3. 하나님은 ☐☐이시다.
요한1서 4장 7-8절

4. 범죄한 인간을 ☐☐하러 오시고 ☐☐시는 하나님
창세기 3장 1-15절 (뱀에 의해 하나님이 금하신 선악과를 따 먹음으로 창조주 하나님과 맺은 생명 언약은 깨어지고, 그 결과 인간에게는 죽음의 형벌이 임한다. 죄지은 후 두려움에 떠는 아담과 하와에게 나타나셔서 여인의 후손을 통해 구원하실 실마리를 보여주심)
요한1서 4:9-10 (사랑이신 하나님이 죄지은 우리를 살리러 화목 제물로 독생자를 보내셨다)

5. 성령의 역할
로마서 8:11 (예수를 죽은 자 가운데서 ☐☐신 영이 우리도 살리심)
에스겔 36:26 (우리 속에 새 영을 주심), 요한복음 3:3-8 (☐☐나게 하심)
로마서 5:5 (이것이 성령께서 우리에게 자신의 ☐☐을 부어주시는 방식)
로마서 8:26 (성령도 우리의 연약함을 도우셔서 ☐☐하게 하심)
로마서 8:15 (☐☐의 영을 받아 아빠 아버지라 부르게 하심)
베드로전서 1:23 (하나님의 ☐☐으로 ☐☐나게 하심)

6. 삼위 하나님의 관계성

마태복음 3:16-17

(성부께서 ☐☐를 향한 사랑과 그분 안에 있는 기쁨을 선포할 때 ☐☐께서 예수님 위에 임한다. 성부께서는 성령을 주심으로 자신의 사랑을 알게 하신다: 인격적인 삼위 하나님의 사랑의 교통의 모습!!!)

고린도후서 13:13 - 하나님은 세분(위격)입니다(주 ☐☐ 그리스도의 은혜와 ☐☐☐의 사랑과 ☐☐☐의 교통하심이 너희 무리와 함께 있을지어다)

 성경이 말하는 하나님의 속성들을 정리해보세요.

웨스트민스터 소요리문답 4문. 하나님은 어떤 분이십니까?
답: 하나님은 신이십니다.
그분의 존재와 지혜와 권능과 거룩하심과 의로우심과 선하심과 인자하심과 진실하심은 무한하시며, 무궁하시며, 불변하십니다.

* 기독교강요 서문 *
인간은 하나님에 대하여 더 알게 될수록 ☐☐에 대하여 더 알게 되며, 그들 ☐☐에 대하여 더 알게 될수록 하나님에 대하여 더 알게 된다. 이것은 인간이 실제로 ☐☐☐의 형상을 지녔기 때문이다.

 성경은 성경을 어떤 책이라고 말씀하시나요?

디모데후서 3장 13-17절
13 악한 사람들과 속이는 자들은 더욱 악하여져서 속이기도 하고 속기도 하나니
14 그러나 너는 배우고 확신한 일에 거하라 너는 네가 누구에게서 배운 것을 알며
15 또 어려서부터 성경을 알았나니 성경은 능히 너로 하여금 그리스도 예수 안에 있는 믿음으로 말미암아 구원에 이르는 지혜가 있게 하느니라
16 모든 성경은 하나님의 감동으로 된 것으로 교훈과 책망과 바르게 함과 의로 교육하기에 유익하니
17 이는 하나님의 사람으로 온전하게 하며 모든 선한 일을 행할 능력을 갖추게 하려 함이라

1. 어려서부터 배워온 □□의 책으로 신뢰할 수 있는 책.

2. 그리스도 예수 안에 있는 □□으로 구원에 이르는 □□를 알려주는 책

3. 하나님의 □□으로 된 책

4. 교훈, 책망, 바르게 함, 의로 □□하기에 유익한 책

5. 하나님의 사람을 온전하게 하며, 선한 일을 행할 □□을 갖추게 하는 책

 성경은 몇 권으로 되어 있나요?

성경의 책 이름들을 외워봅시다

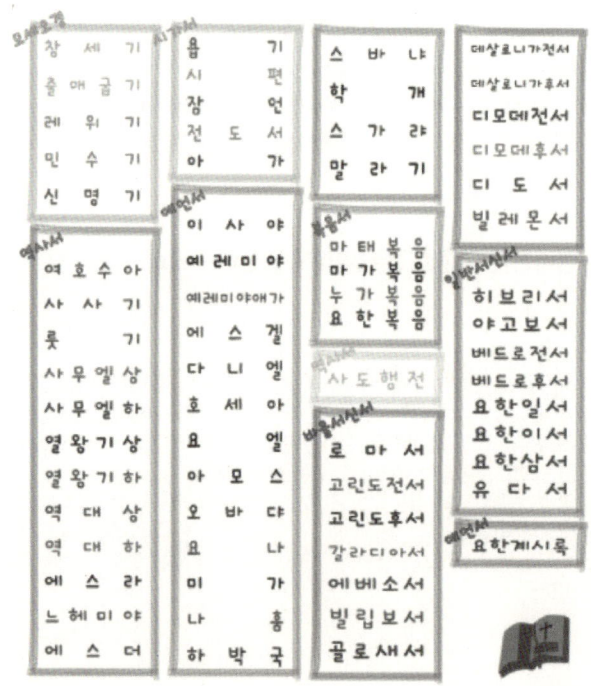

*수영로교회가 제작한 〈성경목록가 501〉은 2018년 종교개혁기념일 10월 31일 한국 교회에 무상으로 공유된 곡이다. 새로운 〈성경목록가〉는 수영로교회 홈페이지(www.sooyoungro.org)에서 음원과 악보, 뮤직비디오를 다운로드할 수 있다.
(출처 : 기독신문(http://www.kidok.com) 김병국 기자/ 승인 2018. 10. 31.)

 그런데, 나는 성경을 읽는 귀중한 습관이 형성되어 었나요?

어느 시간에 성경을 읽나요?

매일매일 성경을 묵상하는 시간을 갖기로 약속해요.

 오늘 배운 믿음의 내용을 한 문장으로 정리해봅시다.

사랑의 하나님, 성경을 통해 하나님이 누구신지 알려주셔서 감사합니다. 성경을 배우고, 성경을 더 익숙하게 읽어가도록 도와주세요. 그리고 성경 속에서 나를 사랑하시는 하나님을 만나고, 하나님의 형상으로 자라가게 해주세요.
예수님의 이름으로 기도합니다. 아멘

3과 | 나는 삼위 하나님의 "언약"을 믿습니다.

📝 2과 복습

(이미지출처: 네이버 블로그)

1. 하나님께서는 인간을 위해 자신을 스스로 나타내 주심을 무엇이라 하나요? ☐☐

2. 하나님이 창조하신 세계를 통해 인간이 하나님의 존재를 깨달을 수 있도록 하신 것을 ☐☐☐☐ 라 하고, 특별히 하나님의 창조, 인간의 타락, 예수 그리스도의 구속, 성령님의 성화와 회복의 구원 역사를 ☐☐ 에 기록하게 하여 택한 자들에게 구원의 복음을 알리신 것을 특별계시라 합니다.

3. 성경에 기록된 하나님의 특징 중 그분의 독특한 존재 방식은?
☐☐☐☐

4. 성경에서 삼위일체 하나님은 우리를 창조하실 뿐만 아니라 범죄하여 죽을 수 밖에 없는 우리를 구원하실 놀라운 계획을 갖고 계십니다. 성경은 바로 이 ☐☐ 의 이야기입니다.

5. 참된 나를 알려면, 하나님을 알아야 합니다. 그런데 하나님을 알려면 ☐☐ 을 공부해야 합니다. 하나님은 성경을 통해 자신을 나타내시기 때문입니다.

 **나는 삼위 하나님의 언약을 믿습니다.**

도입 활동: 약속을 지키지 못해서 어려웠던 일이 있나요? 약속을 지켜서 자랑스러웠던 일이 있나요? 함께 나누어 봅시다.

Q. 나는 누구와 어떤 약속을 하였나요?

Q. 나는 약속을 잘 지키는 사람인가요?

Q. 언약이란 무엇일까요?

성경은 둘로 나누어 앞의 39권을 구약(舊約), 그 뒤의 27권을 신약(新約)이라고 합니다. 여기서 "약"은 무슨 의미일까요?
이 약(約) 자는 "묶을 약" 약속할 때 약자입니다. 특히 성경에서 하나님과 인간의 관계에서 맺은 약속을 언약이라고 합니다.
이 약속을 통해 하나님과 사람은 '창조주-피조물' 이상의 특별한 관계가 맺어집니다. 그렇기 때문에 언약의 핵심은 약속이 아니

약속의 책, 성경!

라 관계(relationship)입니다.[1]
언약은 구원 역사를 이해하고, 교회의 성례를 이해하기 위해 반드시 알아야 하는 성경의 핵심 용어입니다.

 하나님께서 사람과 맺으신 첫 번째 언약은 무엇일까요?

웨스트민스터 소요리문답 12문, 16문

12문: 사람이 창조받은 지위에 있을 때에 하나님께서 그에게 행하신 특별한 섭리는 무엇입니까?
　답: 하나님께서 사람을 창조하신 후에 완전한 순종을 조건으로 생명 언약을 맺으시고, 선악을 알게 하는 나무의 열매 먹는 것을 사망의 벌로써 금하셨습니다.(창 2:16-17, 호 6:7)

16문: 아담의 첫 범죄 때에 모든 사람이 타락하였습니까?
　답: 아담과 맺으신 언약은 아담 한 사람만이 아니라 그의 후손까지 위한 것이므로, 보통 출생법으로 아담의 후손이 된 모든 인류는 아담의 첫 범죄 때에 그의 안에서 죄를 짓고 그와 함께 타락하였습니다.

 사람을 향한 특별한 섭리, 언약

하나님과 인간이 맺은 언약은 창조주 하나님이 특별히 선택한 자기 백성들과의 **친밀한 관계를 표현하는 데** 쓰입니다.

---

[1] 『구원: 삼위 하나님의 역작』, 이재현 지음, 킹덤북스 2018, 48.

1. 첫 번째 사람 아담과 하나님께서 행위(생명) 언약을 맺으셨는데, 그 내용은 무엇이었나요?

2. 하나님이 이 생명 언약을 맺으실 때 사람에게 요구하신 조건은 무엇이었나요?

3. 이 언약은 행위 언약이므로 만약 이 언약을 인간이 지키지 않게 되면 징벌이 따르게 됩니다. 그 벌은 무엇이었나요?

Q   그럼 인간은 이 생명 언약을 지킬 수 있는 능력이 있나요?

웨스트민스터 신앙고백 3장 "창조"
자기의 형상을 따라 지식과 의와 진정한 거룩함을 입히시고, 그 마음에 하나님의 법을 기록하시고(롬 2:14-15) 그 법을 행할 능력을 주셨지만, 변할 수 있는(창 3:6, 전 7:29) 그들의 자유 의지에 맡겨 범법할 가능성을 남겨두셨다. 이 법이 그들의 마음에 기록되었을 뿐만 아니라 명령을 받았고, 이 명령을 지키는 동안 그들은 하나님과 행복하게 교제하며 모든 피조물을 지배하였다.(창 1:26-28)

하나님께서는 창조된 첫 인간에게 지킬 수 있는 행위 언약을 주셨으나 스스로 불순종의 길을 택했기에 축복의 언약 관계가 깨어지고, 그 형벌이 주어진 것입니다. 그것이 '타락'입니다.

 언약을 깨뜨린 인간들에게 하나님은 다시 약속을 주실까요?

웨스트민스터 소요리문답 20문
20문: 하나님께서 모든 인류를 죄와 비참한 처지에서 멸망하게 버려두셨습니까?
  답: 하나님께서는, 영원부터 오직 그분의 선하신 뜻대로 어떤 사람들을 영생에 이르도록 선택하셨고, 구속자로 말미암아 그들을 죄와 비참한 처지에서 건져 내어 구원의 지위에 이르게 하시려고 은혜 언약을 세우셨습니다(창 3:15, 창 17:7, 출 19:5-6, 렘 31:31-34, 갈 3:21, 히 9:15).

창조주 하나님께서는 사랑의 아버지로서 자신의 형상으로 만드신 인간을 포기할 수 없으셨습니다. 여기에서 첫 번째 은혜 언약의 예언이 나타납니다.

창세기 3:15
내가 너로 여자와 원수가 되게 하고 너희 후손도 여자의 후손과 원수가 되게 하리니 여자의 후손은 네 머리를 상하게 할 것이요

 지금 하나님께서 누구와 말씀하고 계신가요?

3과 | 나는 삼위 하나님의 "언약"을 믿습니다.

여기에 말씀하시는 여자의 후손은 누구를 의미하는 것일까요?

하나님께서는 인간을 타락에 빠뜨린 뱀을 저주하시며 범죄한 인간을 구하기 위하여 오실 "여자의 후손"을 약속하십니다. 그가 오셔서 사탄의 세력을 멸하실 것입니다.

창세기 15장에서 여호와께서 아브라함과 맺은 언약을 통해 언약의 성격을 살펴봅시다.

1. 언약은 하나님의 은혜로 시작되고 인간의 반응으로 성사된다.
1) 언약은 **하나님께서 주도적으로** 맺으십니다: 죄인인 우리에게 오시는 은혜.

2) 하나님은 **인간과** 언약을 맺으셨습니다: 인간의 반응 요구하심.

2. 언약 체결 과정에 대한 인간의 긍정적 응답은 믿음이라는 요소로 구성되어 있습니다.
하나님께서 믿음의 조상으로 세워주신 아브라함의 믿음은 그의 놀라운 윤리적 행위에 있지 않습니다. 그가 믿음이 있다고 칭찬받은 것은 하나님을 자신과 후손의 삶에 중요한 분으로 인정하여 받아들이고 신뢰한 것(롬 4:3, 18-21) 때문입니다. 언약에 있어서 인간에게 중요한 믿음의 요소는 하나님을 인정하고, 신뢰하는 것입니다.

이것은 신약에도 그대로 적용됩니다. 예수님을 통해 먼저 구원의 길을 제공하신 하나님께 믿음으로 반응하여 그분과 새로운 언약 관계 안으로 들어갈 수 있습니다.

3. 언약에는 하나님과 인간 쌍방의 법적 의무와 그에 따른 상벌이 있습니다.

1) 의무

하나님의 의무: 언약 백성들에게 사랑과 성실함으로 나타나시는 것. 자기 백성을 돌볼 의무

인간의 의무: 하나님께서 하나님의 백성답게 살라고 주신 토라, 곧 율법을 지키며 사는 것.

2) 언약 위반의 벌: 죽음

하나님은 의로우시기 때문에 언약을 불이행하면 심판하심.

4. 그러나 하나님은 사랑이셔서 자기 백성을 살리기 위해 스스로 자신이 대신 죽어 주심으로, 하나님의 의를 이루시고, 자기 백성을 의롭게 하셔서 영원히 살게 하는 새 언약을 체결하십니다.

마태복음 26장 28절을 찾아 읽어보세요.

👆 마가복음 14장 24절을 찾아 읽어보세요.

그를 믿는 자는 죄 사함의 은혜를 입는 은혜의 새 언약으로 초대됩니다.

결론적으로 **언약은** 구약과 신약을 연결하는 고리가 되며, 창조 이전의 계획과 그것을 완성하는 큰 그림을 보여줍니다. 하나님께서는 사람을 자기 자녀 삼고자 하신 큰 계획 속에서 언약을 체결하셨습니다. 인간은 불순종했지만, 하나님께서 구원의 행동으로 다시 언약을 새롭게 하셨습니다. 우리는 다시 하나님의 백성, 하나님의 자녀가 되는 친밀한 관계로 회복될 것입니다. 그리고 새 하늘과 새 땅에서 영원히 함께 하는 삶으로 인도될 것을 보여줍니다.[2]

5. 하나님의 언약과 그 유익에 참여하는 방법은 무엇일까요?

예수 그리스도의 피로 값주고 사신 교회에서의 말씀과 성례(세례와 성찬)를 통해 성령이 역사하십니다.

삼위일체 하나님께서 이 언약이라는 개념을 통해 우리의 구원을 위해 어떻게 일하셨고, 지금도 일하시고 계시는지 말씀을 통해 선포되고, 성례를 통해 언약을 기억하게 하고, 보증합니다.

우리는 이 하나님의 언약의 표징인 유아 세례를 받았고, 지금까지 말씀으로 양육받으며 자라왔습니다. 이제 공적 신앙고백의 자리, 입교식에

---

2 『구원: 삼위 하나님의 역작』, 이재현 지음, 킹덤북스 2018. "2.언약" 48-69 참조.

나아가려고 준비하고 있습니다. 이것이 지금 우리가 이 교육 과정을 공부하는 목적입니다.

👉 오늘 배운 믿음의 내용을 한 문장으로 정리해봅시다.

예수님의 이름으로 기도합니다. 아멘.

4과 | 나는 삼위 하나님의 구원 역사를 믿습니다.

3과 복습

1. 성경에서 하나님과 인간관계에서 맺어진 약속을 무엇이라 하나요? ☐☐
2. 언약의 핵심은 약속이 아니라 ☐☐입니다.
3. 하나님의 언약에 대한 인간의 긍정적 반응은 ☐☐으로 나타납니다.
4. 구원자 예수님이 오셔서 행위 언약을 깨뜨린 우리를 위해 ☐☐ 언약을 주셨습니다.
5. 우리는 교회에서 ☐☐과 ☐☐로 언약의 은혜에 참여합니다.

나는 삼위 하나님의 구원 역사를 믿습니다.

1. 삼위 하나님이 이루신 구원을 하이델베르크 요리문답 1문은 다음과 같이 요약합니다.

> **하이델베르크 요리문답 1문**
> 1문: 살아서나 죽어서나 당신의 유일한 위로는 무엇입니까?
> 답: 살아서나 죽어서나 나는 나의 것이 아니요, 몸도 영혼도 나의 신실한 구주 예수 그리스도의 것입니다.
> 그리스도께서는 그의 보혈로 나의 모든 죗값을 완전히 치르고 나를 마귀의 모든 권세에서 해방하셨습니다.
> 또한 하늘에 계신 나의 아버지의 뜻이 아니면 머리털 하나도 땅에 떨어지지 않도록 나를 보호하시며, 참으로 모든 것이 합력하여 나의 구원을 이루도록 하십니다.
> 그러하므로 그의 성령으로 그분은 나에게 영생을 확신시켜 주시고, 이제부터는 마음을 다하여 즐거이, 그리고 신속히 그를 위해 살도록 하십니다.

 우리의 구원에 있어서 삼위 하나님이 하시는 일들을 정리해봅시다.

1. 그리스도께서는:

2. 하늘에 계신 성부 하나님께서는:

3. 성령 하나님께서는 :

2. 이 과에서는 하나님께서 자기 백성을 구원하시는 생생한 과정을 보여주는 출애굽기 본문을 통해 삼위 하나님께서 이루신 구원의 의미를 묵상하고자 합니다. 구약의 사건들이 계속적으로 신약의 복음에 연결되므로 언약과 구원의 관점에서 성경 본문들을 잘 읽어봅시다.

< 나는 성경의 이야기 흐름을 잘 이해하고 있나요? >

지금까지 교회 교육과 개인적 성경 읽기를 통해 알고 있는 창세기의 아담과 하와부터 등장하는 믿음의 족장들의 이야기를 정리해봅시다. 출애굽기 이전까지 어떤 사건들이 있었나요? 아는 대로 적어봅시다.

< 구원을 위한 준비 >

하나님과 언약을 맺은 아브라함과 그의 자손들은 어떻게 되었을까요?

약속의 땅 가나안에 정착한 아브라함의 자손들 중 요셉이 하나님의 구원계획 속에 애굽으로 팔려가게 됩니다. **요셉**은 하나님의 섭리 속에 애굽의 국무총리가 되어 하나님의 큰 구원으로 생명을 구하는 일에 귀하게 쓰임 받습니다(창 45:5). 그리고 흉년 때 가나안 땅에 있던 자기의 온 가족(70인)을 애굽으로 초청해 잘 살게 합니다. 이렇게 애굽 땅에 들어와 살기 시작한 이스라엘 자손들의 수는 점점 늘어나고, 매우 강하여져서 온 땅에 가득하게 됩니다(출 1:7).

그런데 요셉을 알지 못하는 새 왕이 일어나 애굽을 다스릴 때 자기들보다 더 많아지고 강한 이스라엘 자손들을 두려워하여 학대하기 시작하고, 학대 받을수록 더욱 번성하는 이스라엘 자손으로 인해 근심합니다. 애굽왕은 그들을 점점 더 괴롭히다 못해 모든 태어나는 사내아이들을 죽이도록 명령하기에 이릅니다.

사실 창세기에서 하나님께서 아브람과 언약을 맺으실 때 이미 이 일을 다 예언하셨습니다(창 15:13-14). 애굽에서 400년 동안 아브라함 자손들이 종살이하며 괴롭힘을 당하게 되나 하나님께서 그 나라를 징벌하시고, 아브라함의 자손들이 큰 재물을 이끌고 나올 것을 약속하셨습니다.

출애굽기 1:22 - 2:10　　모세가 태어나다

1:22　그러므로 바로가 그의 모든 백성에게 명령하여 이르되 아들이 태어나거든 너희는 그를 나일강에 던지고 딸이거든 살려두라 하였더라.
2:1　레위 가족 중 한 사람이 가서 레위 여자에게 장가 들어
2　그 여자가 임신하여 아들을 낳으니 그가 잘 생긴 것을 보고 석 달 동안 그를 숨겼으나
3　더 숨길 수 없게 되매 그를 위하여 갈대 상자를 가져다가 역청과 나무 진을 칠하고 아기를 거기 담아 나일 강가 갈대 사이에 두고
4　그의 누이가 어떻게 되는지를 알려고 멀리 섰더니
5　바로의 딸이 목욕하러 나일 강으로 내려오고 시녀들은 나일 강가를 거닐 때에 그가 갈대 사이의 상자를 보고 시녀를 보내어 가져다가
6　열고 그 아기를 보니 아기가 우는지라 그가 그를 불쌍히 여겨 이르되 이는 히브리 사람의 아기로다
7　그의 누이가 바로의 딸에게 이르되 내가 가서 당신을 위하여 히브리 여인 중에서 유모를 불러다가 이 아기에게 젖을 먹이게 하리이까
8　바로의 딸이 그에게 이르되 가라 하매 그 소녀가 가서 그 아기의 어머니를 불러오니
9　바로의 딸이 그에게 이르되 이 아기를 데려다가 나를 위하여 젖을 먹이라 내가 그 삯을 주리라 여인이 아기를 데려다가 젖을 먹이더니
10　그 아기가 자라매 바로의 딸에게로 데려가니 그가 그의 아들이 되니라 그가 그의 이름을 모세라 하여 이르되 이는 내가 그를 물에서 건져내었음이라 하였더라

Q 애굽 왕 바로가 모든 백성에게 내린 명령의 내용은 무엇이었나요?

Q 모세의 부모님은 어떤 분이신가요?(히브리서 11:23)

Q 모세는 누구를 통해 건짐받게 되나요?

Q 모세의 이름의 뜻은?

이런 위기의 순간에 하나님께서 구원을 위해 한 인물, 모세를 준비하십니다.

< 언약을 잊지 않으시는 하나님 >

출애굽기 2장
23 여러 해 후에 애굽 왕은 죽었고 이스라엘 자손은 고된 노동으로 말미암아 탄식하며 부르짖으니 그 고된 노동으로 말미암아 부르짖는 소리가 하나님께 상달된지라
24 하나님이 그들의 고통 소리를 들으시고 하나님이 아브라함과 이삭과 야곱에게 세운 그의 언약을 기억하사
25 하나님이 이스라엘 자손을 돌보셨고 하나님이 그들을 기억하셨더라

Q 이스라엘 자손의 부르짖음에 하나님은 어떻게 반응하시나요?

> **Q** 하나님은 왜 이스라엘 자손을 돌보시나요?

언약의 하나님은 자기 백성들을 보호할 의무가 있으시고, 자기 백성들과 함께 하시는 분입니다. 그들의 신음하는 소리를 다 듣고 구원을 시작하십니다.

< 모세를 애굽 왕 바로에게 보내시다 >

> **출애굽기 5장   모세와 아론이 바로 앞에 서다**
> 1 그 후에 **모세와 아론이** 바로에게 가서 이르되 이스라엘의 하나님 여호와께서 이렇게 말씀하시기를 내 백성을 보내라 그러면 그들이 광야에서 내 앞에 절기를 지킬 것이니라 하셨나이다
> 2 바로가 이르되 여호와가 누구이기에 내가 그의 목소리를 듣고 이스라엘을 보내겠느냐 나는 여호와를 알지 못하니 이스라엘을 보내지 아니하리라
> 3 그들이 이르되 **히브리인의 하나님**이 우리에게 나타나셨은즉 우리가 광야로 사흘길쯤 가서 우리 하나님 여호와께 제사를 드리려 하오니 가도록 허락하소서 여호와께서 전염병이나 칼로 우리를 치실까 두려워하나이다
> 4 애굽 왕이 그들에게 이르되 모세와 아론아 너희가 어찌하여 백성의 노역을 쉬게 하려느냐 가서 너희의 노역이나 하라

> **Q** 모세와 아론은 바로 앞에 나가서 무엇을 요구하나요?

Q 바로는 왜 모세의 요구를 들어주지 않았나요?

Q 하나님의 이름 "여호와"의 뜻은 무엇인가요?(출 3:13-14)

출애굽기 6장 1-9절

1 여호와께서 모세에게 이르시되 이제 내가 바로에게 하는 일을 네가 보리라 강한 손으로 말미암아 바로가 그들을 보내리라 강한 손으로 말미암아 바로가 그들을 그의 땅에서 쫓아내리라
2 하나님이 모세에게 말씀하여 이르시되 **나는 여호와이니라**
3 내가 아브라함과 이삭과 야곱에게 **전능의 하나님**으로 나타났으나 나의 이름을 **여호와**로는 그들에게 알리지 아니하였고
4 **가나안 땅 곧 그들이 거류하는 땅을 그들에게 주기로 그들과 언약하였더니**
5 이제 애굽 사람이 종으로 삼은 이스라엘 자손의 신음 소리를 내가 듣고 나의 언약을 기억하노라
6 그러므로 이스라엘 자손에게 말하기를 나는 여호와라 내가 애굽 사람의 무거운 짐 밑에서 너희를 빼내며 그들의 노역에서 너희를 건지며 편 팔과 여러 큰 심판들로써 너희를 속량하여
7 **너희를 내 백성으로 삼고 나는 너희의 하나님이 되리니** 나는 애굽 사람의 무거운 짐 밑에서 너희를 빼낸 너희의 하나님 여호와인 줄 너희가 알지라
8 내가 아브라함과 이삭과 야곱에게 주기로 맹세한 땅으로 너희를 인도하고 그 땅을 너희에게 주어 기업을 삼게 하리라 나는 여호와라 하셨다 하라
9 모세가 이와 같이 이스라엘 자손에게 전하나 그들이 마음의 상함과 가혹한 노역으로 말미암아 모세의 말을 듣지 아니하였더라

Q 이 본문에서 언약을 기억하신 하나님의 이름은 무엇인가요?

Q 하나님이 기억하신 언약의 내용은 무엇일까요?

Q 그런데 이스라엘 자손들은 하나님께서 모세에게 전하라고 하신 말씀을 왜 듣지 않았을까요?

< 여호와 하나님을 만민 중에 드러내시다! >

하나님께서는 완악한 바로 앞에 표징과 이적을 많이 행하셨으나 순종하지 않자 애굽 왕 바로의 마음을 완악하게 하셨습니다. 그는 아홉 번째 재앙 이후에도 끝끝내 이스라엘 백성들을 보내려 하지 않았습니다. 하나님의 손이 애굽 위에 여러 심판을 내리고 마침내 이스라엘 자손을 그 땅에서 인도하여 낼 때에야 애굽 사람이 여호와를 알게 될 것입니다 (출 7:3-5).

Q 성경에서 열 가지 재앙이 무엇이었는지 찾아봅시다.

Q 하나님은 애굽 사람들과, 이스라엘 자손들을 다르게 대하십니다. 성경 말씀을 찾아 적어보세요.

애굽 사람들에게(출 12:12)	이스라엘 자손들에게(출12:13)

Q 열 가지 재앙을 통해 하나님이 하신 일은 무엇인가요? 출 9:14, 16, 출 12:12을 찾아보세요.

< 자기 백성들을 구원하시는 하나님 - 유월절 >

첫 유월절 (출애굽기 12장)
21 모세가 이스라엘 모든 장로를 불러서 그들에게 이르되 너희는 나가서 너희의 가족대로 어린 양을 택하여 유월절 양으로 잡고
22 우슬초 묶음을 가져다가 그릇에 담은 피에 적셔서 그 피를 문 인방과 좌우 설주에 뿌리고 아침까지 한 사람도 자기 집 문 밖에 나가지 말라
23 여호와께서 애굽 사람들에게 재앙을 내리려고 지나가실 때에 문 인방과 좌우 문설주의 피를 보시면 여호와께서 그 문을 넘으시고 멸하는 자에게 너희 집에 들어가서 너희를 치지 못하게 하실 것임이니라
24 너희는 이 일을 규례로 삼아 너희와 너희 자손이 영원히 지킬 것이니
25 너희는 여호와께서 허락하신 대로 너희에게 주시는 땅에 이를 때에 이 예식을 지킬 것이라
26 이후에 너희의 자녀가 묻기를 이 예식이 무슨 뜻이냐 하거든
27 너희는 이르기를 이는 여호와의 유월절 제사라 여호와께서 애굽 사람에게 재앙을 내리실 때에 애굽에 있는 이스라엘 자손의 집을 넘으사 우리의 집을 구원하셨느니라 하라 하매 백성이 머리 숙여 경배하니라
28 이스라엘 자손이 물러가서 그대로 행하되 여호와께서 모세와 아론에게 명령하신 대로 행하니라

열째 재앙 : 처음 난 것들의 죽음

29 밤중에 여호와께서 애굽 땅에서 모든 처음 난 것 곧 왕위에 앉은 바로의 장자로부터 옥에 갇힌 사람의 장자까지와 가축의 처음 난 것을 다 치시매
30 그 밤에 바로와 그 모든 신하와 모든 애굽 사람이 일어나고 애굽에 큰 부르짖음이 있었으니 이는 그 나라에 죽임을 당하지 아니한 집이 하나도 없었음이었더라
31 밤에 바로가 모세와 아론을 불러서 이르되 너희와 이스라엘 자손은 일어나 내 백성 가운데에서 떠나 너희의 말대로 가서 여호와를 섬기며
32 너희가 말한 대로 너희 양과 너희 소도 몰아가고 나를 위하여 축복하라 하며
33 애굽 사람들은 말하기를 우리가 다 죽은 자가 되도다 하고 그 백성을 재촉하여 그 땅에서 속히 내보내려 하므로
34 그 백성이 발교되지 못한 반죽 담은 그릇을 옷에 싸서 어깨에 메니라
35 이스라엘 자손이 모세의 말대로 하여 애굽 사람에게 은금 패물과 의복을 구하매
36 여호와께서 애굽 사람들에게 이스라엘 백성에게 은혜를 입히게 하사 그들이 구하는 대로 주게 하시므로 그들이 애굽 사람의 물품을 취하였더라

Q 이스라엘 사람들의 장자는 죽임을 당하지 않았는데 그 이유는 무엇이었나요?

Q 이것이 첫 번째 유월절이 됩니다. 여호와께서 해마다 이 예식을 지키라고 명하셨는데, 이 유월절 예식의 의미를 설명해보세요.

유월절 어린 양은 십자가에서 피흘려 죽어 주심으로 우리를 죽음에서 생명으로 옮겨주실 예수님의 예표입니다. 이 예수님을 믿는 자는 영생을 얻는 것입니다. 예수님의 보혈의 피 없이는 모두 다 심판을 피할 수 없습니다.

< 하나님이 약속하신 축복의 땅으로 Go Go! >

애굽 왕과 애굽 사람들은 열 가지 재앙을 통해 여호와가 왕 중의 왕이신 하나님임을 깨닫고 두려워하고, 동시에 이스라엘 백성들도 자신들을 구원하신 하나님이 이집트 제국의 왕이나 신들보다 능력있는 신들의 신이신 것을 깨닫게 됩니다. 유월절 어린 양의 피를 통해 구원해주시고, 가나안 땅을 향해 가는 여정에서 하나님의 백성은 홍해를 마른 땅처럼 건너고 요단강을 또한 마른 땅처럼 건너며 마침내 하나님이 약속하신 가나안 땅에 이르게 될 것입니다. 언약의 하나님께서 얼마나 신실히 자기 백성을 지키시는지 체험하게 됩니다.

그러나 광야를 지나 약속의 땅으로 가는 여정은 이스라엘 자손들이 400년간 애굽 땅에서 종살이하며 놓쳐버린 하나님 신앙을 새롭게 배우는 훈련의 장이었습니다.

하나님께서 이스라엘 백성을 애굽에서 구원하신 목적은 그들을 하나님만 예배하는 거룩한 백성 삼으시고자 하심입니다.

(이미지 출처: 네이버 블로그)

오늘 배운 믿음의 내용을 한 문장으로 정리해봅시다.

자기 백성을 구원하시는 사랑의 하나님,

예수님의 이름으로 기도합니다. 아멘.

세례·입교 예비자 교육 매뉴얼

5과 | 나는 인간이 타락한 죄인임을 깨닫습니다.

4과 복습

1. ☐☐, ☐☐, ☐☐ 삼위 하나님은 구원을 위해 함께 일하십니다.
2. 물에서 건짐 받은 자로서 하나님의 구원을 위해 준비된 지도자의 이름은? ☐☐
3. 하나님이 언약을 신실히 지키시고, 모세를 통해 자기 백성들을 구원하신 생생한 역사가 기록된 구약의 책이름은? ☐☐☐☐
4. 하나님은 열 재앙을 통하여 애굽의 신들을 벌하시고, ☐☐☐ 하나님의 이름을 온 천하에 알리십니다. (참고: 시편 124편 8절)
5. 하나님은 자기 백성을 구원하셔서 하나님만 ☐☐하는 백성 되게 하십니다.

나는 인간이 타락한 죄인임을 깨닫습니다.

도입 활동: 신문지 공놀이 (10분)

1. 신문지를 접어 구겨서 공을 만든다. 최대한 잘 주물러 동그란 구가 되게

한다.

2. 둘씩 짝을 지어 서로 공을 주고 받는데, 이때 질문과 함께 공을 던지고 받으며 답한다.

* 질문: 너가 가장 좋아하는 것은? 너가 가장 싫어하는 것은? 너가 싫어하는데 꼭 해야하는 것은? 너도 모르게 나오는 욕은? 너를 가장 화나게 하는 것은? 이번 기간에 꼭 고치고 싶은 버릇은? 너의 마음을 가장 기쁘게 만드는 것은?

3. 다 묻고 답한 후 구겨서 만들었던 공을 다시 펴서 원상태로 펼친다. 최대한 바르게 펴놓는다.

4. 구김이 없어지지 않는 것을 보며 어떻게 하면 이 구김을 말끔하게 원래대로 돌려놓을 수 있을지 이야기 나눠본다.

> **하이델베르크 요리문답 2문**
> 2문: 이러한 위로 가운데 복된 인생으로 살고 죽기 위해서 당신은 무엇을 알아야 합니까?
> 답: 다음의 세 부분을 알아야 합니다.
> 첫째, 나의 죄와 비참함이 얼마나 큰가.
> 둘째, 나의 모든 죄와 비참함으로부터 어떻게 구원을 받는가.
> 셋째, 그러한 구원을 주신 하나님께 어떻게 감사를 드려야 하는가를 알아야 합니다.

지난 과에서 삼위 하나님께서 약속하시고, 구원하시는 생생한 역사를 살펴보았습니다. 약속을 쉽게 저버린 인간과 다시 은혜 언약을 맺으시고 자신의 생명을 걸고 자기 백성을 구원하시는 사랑의 하나님을 배웠습니다.

오늘은 그 구원의 선물을 받은 우리가 어떠한 상태였는지, 신약 성경 말씀을 통해서 살펴보고, 하나님께서 중보자 예수님을 보내신 이유를 생각해봅니다.

 성경 읽기: 인간이 악하다면 얼만큼? (타락한 인간의 마음)

마가복음 12장 1-12절 악한 포도원 농부의 비유
1 예수께서 비유로 그들에게 말씀하시되 **한 사람이** 포도원을 만들어 산울타리로 두르고 즙 짜는 틀을 만들고 망대를 지어서 **농부들에게** 세로 주고 타국에 갔더니
2 때가 이르매 농부들에게 포도원 소출 얼마를 받으려고 **한 종을 보내니**
3 그들이 종을 잡아 심히 때리고 거저 보내었거늘
4 **다시 다른 종을 보내니** 그의 머리에 상처를 내고 능욕하였거늘
5 **또 다른 종을 보내니** 그들이 그를 죽이고 또 그 외 많은 종들도 더러는 때리고 더러는 죽인지라
6 이제 한 사람이 남았으니 곧 그가 사랑하는 아들이라 최후로 이를 보내며 이르되 내 아들은 존대하리라 하였더니
7 그 농부들이 서로 말하되 이는 상속자니 자 죽이자 그러면 그 유산이 우리 것이 되리라 하고
8 이에 잡아 죽여 포도원 밖에 내던졌느니라
9 포도원 주인이 어떻게 하겠느냐 와서 **그 농부들을 진멸하고 포도원을 다른 사람들에게 주리라**
10 너희가 성경에 **건축자들이 버린 돌이 모퉁이의 머릿돌이** 되었나니
11 이것은 주로 말미암아 된 것이요 우리 눈에 놀랍도다 함을 읽어 보지도 못하였느냐 하시니라
12 그들이 예수의 이 비유가 자기들을 가리켜 말씀하심인 줄 알고 잡고자 하되 무리를 두려워하여 예수를 두고 가니라

 위 성경의 예수님의 비유에서 포도원 주인의 행동과 포도원 농부의 반응을 비교하여 표에 적어보세요.

	포도원 주인의 행동	포도원 농부들의 반응
1	포도원을 준비하여 농부들에게 세로 주고 타국으로 떠남	

5과 | 나는 인간이 타락한 죄인임을 깨닫습니다.

2	농부들에게 포도원 소출을 얼마 받으려고 한 종을 보냄	
3	다시 다른 종을 보냄	
4	또 다른 종을 보냄	
5	그 외 많은 종들을 보냄	
6	최후로 그가 사랑하는 아들을 보냄 - 내 아들은 존대하리라 생각함	
7	주인은 포도원에 돌아와서, 그 농부들을 진멸하고, 포도원을 다른 사람들에게 줌	

 위의 이야기는 예수님께서 누구를 향하여 들려주시는 말씀인가요? 그들이 누구일까요? (막 11:27 참고)

예수님은 성경에 건축자들의 버린 돌이 모퉁이의 머릿돌 되었다는 놀라운 말씀 인용	**그들은** 자신들을 가리키는 이 악한 농부의 비유를 듣고 화가 나서 예수님을 떠남

그들은 (,   ,   )입니다. 예수님께서는 하나님께서 이스라엘의 지도자들이었던 그들에게 이스라엘을 율법으로 잘 인도하라고 맡기셨으나 그들은 이스라엘 백성들이 하나님의 자녀들인

것을 잊어버리고, 마치 자신의 소유인양, 어리석은 방향으로 인도했습니다.

하나님께서 여러 차례 하나님의 선지자들을 통하여 그들의 죄를 깨닫게 하셨으나 매번 때리고, 죽이기까지 한 것이 이스라엘의 역사입니다. 마침내 포도원 주인, 즉 하나님께서는 자신의 아들을 이 땅에 보내시기로 결정하십니다. 그 예수님이 오셨는데도 이 지도자들은 예수님을 미워하고, 예수님을 죽일 건수를 찾고 있습니다. 예수님은 그들의 마음을 아시고, 지금 이 악한 포도원 농부들의 비유를 들려주고 계신 것입니다.

그들은 예수님께서 자신들을 가리켜 말씀하시는 것은 알았습니다. **그러나 그들의 반응은 회개가 아니라, 분노였고, 예수님을 떠나갔습니다.** 결국 그들은 포도원 비유에서 나온 대로 하나님의 아들 예수님을 십자가에 못 박아 죽이게 됩니다.

Q 나는 하나님의 말씀을 들을 때 내게 들려주시는 말씀을 깨닫고 있나요?

진실 Talk : 우리의 마음에 물어봅시다.

Q 나에게 잘못을 알려주는 그 누군가가 있나요?

Q 나는 나의 죄를 깨닫고 있나요?

Q 누군가가 나의 잘못을 말해줄 때, 또는 나를 야단 칠 때 잘못했다고 말하고, 곧바로 나의 잘못된 행동, 마음을 고치나요?

아니면, 나의 잘못을 드러내어 말해준 사람에게 화가 나거나 미워지나요?

Q 오히려 더 심하게 그런 행동이나 말을 반복하여 반항하나요?

하이델베르크 요리문답   3문, 5문, 7문, 8문
3문: 당신의 죄와 비참함을 어디에서 압니까?
 답: 하나님의 율법에서 나의 죄와 비참함을 압니다.
5문: 당신은 그 모든 계명을 완전히 지킬 수 있습니까?
 답: 아닙니다. 나는 하나님과 내 이웃을 미워하는 본성을 가지고 있습니다.
7문: 그렇다면 이렇게 타락한 사람의 본성은 어디에서 왔습니까?
 답: 우리의 시조 아담과 하와가 낙원(에덴 동산)에서 타락하고 불순종한 데서 왔습니다. 그때 사람의 본성이 심히 부패하여 우리는 모두 죄악 중에 잉태되고 출생합니다.
8문: 그렇다면 우리는 그토록 부패하여 선은 조금도 행할 수 없으며 온갖 악만 행하는 성향을 지니고 있습니까?
 답: 그렇습니다. 우리가 하나님의 성령으로 거듭나지 않는 한 참으로 그렇습니다.

우리는 오늘 우리 본성의 악함을 들여다보았습니다. 자세히 우리의 내면을 들여다보니 마치 악한 포도원 농부 같습니다. 그런데 하나님께선 아직까지도 우리를 참으시고 계속해서 우리에게 하나님의 종을 보내셔서 하나님의 주인 되심을 알려주시는 하나님의 음성을 듣기 원합니다. 아무리 하나님의 종을 보내도, 마침내 하나님의 아들을 보내도 우리 스스로는 죄를 돌이킬 수 없습니다. 이것이 타락한 우리의 본성입니다. 하나님께서 예수 그리스도를 통해 우리를 새롭게 해주셔야 우리는 다시 살아날 수 있습니다. 성령님께서 우리를 거듭나게 하셔야 우리는 회개할 수 있습니다.

우리는 그저 중보자 예수님을 보내달라고 절규할 수밖에 없는 죄인들입니다.

그 예수님이 우리의 죄의 형벌을 대신 치러주셔서 우리가 죄의 권세에서 자유하게 되었습니다. 우리를 죄에서 해방시켜주실 예수님만을 바라봅니다.

5과 | 나는 인간이 타락한 죄인임을 깨닫습니다. 53

오늘 나에게 주시는 교훈

Q 이 과를 통해 만난 하나님은 어떤 분이신가요?

Q 그 하나님을 만난 나는 어떤 상태인가요?

오늘 배운 믿음의 내용을 한 문장으로 정리해봅시다.

사랑의 하나님, 하나님,

예수님의 이름으로 기도합니다. 아멘.

6과 | 나는 예수님이 우리의 중보자로 오심을 믿습니다.

5과 복습

1. 아담과 하와의 ☐☐, ☐☐☐으로 우리에게까지 죄의 영향력이 미칩니다.

2. 포도원 주인과 농부의 비유에서 농부들은 어떻게 행동했나요?

3. 그러한 농부들의 행동에 포도원 주인은 결국 어떻게 하였나요?

4. 이 악한 농부들은 당시 예수님의 말씀을 듣고 있었던 대제사장, 서기관, 장로와 같은 이스라엘의 ☐☐☐들이었습니다. 그리고 오늘날 말씀을 듣고 있는 바로 ☐ 입니다.

5. 건축자들이 버린 돌이 모퉁이 돌이 되었다고 하는 말씀에서 그 돌은 누구를 말하나요?

오늘의 신앙고백

나는 예수님이 나의 중보자로 오심을 믿습니다.
(인격적 만남)

 요한복음 3장 16-17절을 기억하나요? 아래에 찾아 적어봅시다.

STEP 1: 내가 예수님에 대해 알고 있는 것을 적어보세요.
(인지적, 성경적 지식)

(이미지출처: 네이버 블로그)

6과 | 나는 예수님이 우리의 중보자로 오심을 믿습니다.

성경이 말씀하시는 예수님은 어떤 분인가요?

1. 죄가 하나님과 우리 사이를 어떻게 만들었나요? (시편 22:1, 51:3-5)

웨스트민스터 소요리문답 19문
문: 사람이 그 타락한 처지에서 비참한 것은 무엇입니까?
답: 모든 인류는 타락함으로 말미암아 하나님과 교제가 끊어졌고,
　　하나님의 진노와 저주 아래 있으며,
　　그로 말미암아 이 세상에서 온갖 비참함을 겪다가
　　결국 죽음에 이르고 영원히 지옥의 고통에 떨어집니다.

2. 누가 하나님과 우리 사이에 다리를 놓아주셨나요?

요한복음 3:16

요한복음 14:6

3. 사람들이 무엇을 잘못했나요? (창세기 3장, 로마서 3:23)

4. 하나님께서 우리에게 요구하시는 것은 무엇인가요?

마태복음 22장 37-39

레위기 19:2

5. 우리는 그것을 할 수 있나요? NO

하이델베르크 요리문답 13, 14, 15, 18문

13문: 우리가 스스로 하나님의 의를 만족시킬 수 있습니까?
 답: 결코 그렇지 않습니다.
오히려 우리는 날마다 우리의 죄책을 증가시킬 뿐입니다.
14문: 어떠한 피조물이라도 단지 피조물로서 우리를 대신하여 하나님의 의를 만족시킬 자가 있습니까?
 답: 하나도 없습니다.
  첫째, 하나님께서는 인간의 죄책 때문에 다른 피조물을 형벌하기를 원치 않으십니다.
  둘째, 어떠한 피조물이라도 단지 피조물로서는 죄에 대한 하나님의 영원한 진노의 짐을 감당할 수도 없고, 다른 피조물을 거기에서 구원할 수도 없습니다.
15문: 그렇다면 우리는 어떠한 중보자와 구원자를 찾아야 합니까?
 답: 참인간이고 의로운 분이시나 동시에 참하나님이고 모든 피조물보다 능력이 뛰어나신 분입니다.
18문: 그러나 누가 참하나님이시며 동시에 참인간이고 의로우신 그 중보자입니까?
 답: 우리 주 예수 그리스도, 즉 하나님께로서 나와서 우리에게 지혜와 의로움과 거룩함과 구속함이 되신 분입니다.

* 성경은 예수님이 우리의 구주이심을 말합니다.

하이델베르크 요리문답 29문

문: 왜 하나님의 아들을 예수, 곧 구주(救主)라 부릅니까?
답: 그가 우리를 우리 죄에서 구원하시기 때문이고,
 또 그분 외에는 어디에서도 구원을 찾아서도 안 되며 발견할 수도 없기 때문입니다.

STEP 2 중보자 예수님과 나의 관계 맺기
　　　　(친밀하게 묻기- 인격적 관계 형성)

Q 그런데 너는 하나님께서 너에게 구원의 선물을 주신 것이 마음으로 믿어지니?

1) 너는 예수님께서 너를 죄에서 구원하시기 위해 죽어주신 구주이심을 믿니?

2) 너는 하나님께서 너의 죄를 값없이 용서해주신 것을 마음으로 받아들이고 있니?

3) 혹시 너의 죄가 너무 커서 하나님께서 용서하지 않으실 거라고 생각하거나, 또는 너의 가치가 예수님이 돌아가시기까지 할 만큼 소중한 존재가 아닌 것처럼 느껴지니?

4) 너는 하나님께서 예수님을 온 세상의 주님으로 세우신 것을 믿니?

STEP 3 : 나의 삶의 습관 돌아보기
그렇다면 너가 지금까지 살아온 방식을 생각해볼 때 어느 부분에서 예수님의 주인 되심을 인정하지 않고 있었니? 너가 주인이 되어 맘껏 살아왔던, 지금도 그렇게 너의 주인 됨을 놓지않고 있는 것들은 구체적으로, 솔직히 어떤 부분일까?

오늘 배운 믿음의 내용을 한 문장으로 정리해봅시다.

_____

_____

사랑의 하나님,

예수님의 이름으로 기도합니다. 아멘

세례·입교 예비자 교육 매뉴얼

7과 | 나는 예수님의 십자가와 부활을 믿습니다.

 6과 복습

1. 하나님은 왜 예수님을 중보자로 보내셔야 했나요?

나는 예수님의 십자가와 부활을 믿습니다.

♥ 도입 활동 : 두 팀으로 나누어
(1) 림보 게임(몸을 낮추기)

(2) 높은 곳에 있는 과자 따먹기(높이기)

(* 일대일 멘토링으로 진행하는 경우나 위의 활동을 하기 어려운 경우에는 (1) 지금까지 살아오며 가장 낮아졌던 경험을 나누어 보세요. (2) 반대로 가장 높아졌던 경험을 나눠보세요.)

1. 아래의 본문을 읽으며 예수님이 진짜 사람으로 오셨다는 표현들을 세 가지 이상 찾아보세요.

완전한 사람으로 자라가시는 예수님(성경 본문: 누가복음 2:40-52)

> 40 아기가 자라며 강하여지고 지혜가 충만하며 하나님의 은혜가 그의 위에 있더라
> 41 그의 부모가 해마다 유월절이 되면 예루살렘으로 가더니
> 42 예수께서 열두 살 되었을 때에 그들이 이 절기의 관례를 따라 올라갔다가
> 43 그 날들을 마치고 돌아갈 때에 아이 예수는 예루살렘에 머무셨더라 그 부모는 이를 알지 못하고
> 44 동행 중에 있는 줄로 생각하고 하룻길을 간 후 친족과 아는 자 중에서 찾되
> 45 만나지 못하매 찾으면서 예루살렘에 돌아갔더니
> 46 사흘 후에 성전에서 만난즉 그가 선생들 중에 앉으사 그들에게 듣기도 하시며 묻기도 하시니
> 47 듣는 자가 다 그 지혜와 대답을 놀랍게 여기더라
> 48 그의 부모가 보고 놀라며 그의 어머니는 이르되 아이야 어찌하여 우리에게 이렇게 하였느냐 보라 네 아버지와 내가 근심하여 너를 찾았노라
> 49 예수께서 이르시되 어찌하여 나를 찾으셨나이까 내가 내 아버지 집에 있어야 될 줄을 알지 못하셨나이까 하시니
> 50 그 부모가 그가 하신 말씀을 깨닫지 못하더라
> 51 예수께서 함께 내려가사 나사렛에 이르러 순종하여 받드시더라 그 어머니는 이 모든 말을 마음에 두니라
> 52 예수는 지혜와 키가 자라가며 하나님과 사람에게 더욱 사랑스러워 가시더라

2. 왜 예수님은 사람으로 오셨을까요?

하이델베르크 요리문답 12문, 13문, 14문, 15문

12문: 하나님의 의로운 심판에 의해 우리는 이 세상에서 그리고 영원히 형벌을 받아 마땅한데, 어떻게 이 형벌을 피하고 다시 하나님의 은혜를 입을 수 있겠습니까?

답: 하나님께서는 자신의 의가 만족되기를 원하십니다. 따라서 우리는 우리 스스로든 아니면 다른 이에 의해서든 죗값을 완전히 치러야 합니다.

13문: 우리가 스스로 하나님의 의를 만족시킬 수 있습니까?

답: 결코 그렇지 않습니다. 오히려 우리는 날마다 우리의 죄책을 증가시킬 뿐입니다.

14문: 어떠한 피조물이라도 단지 피조물로서 우리를 대신하여 하나님의 의를 만족시킬 자가 있습니까?

답: 하나도 없습니다. 첫째, 하나님께서는 인간의 죄책 때문에 다른 피조물을 형벌하기를 원치 않으십니다. 둘째, 어떠한 피조물이라도 단지 피조물로서는 죄에 대한 하나님의 영원한 진노의 짐을 감당할 수도 없고, 다른 피조물을 거기에서 구원할 수도 없습니다.

15문: 그렇다면 우리는 어떠한 중보자와 구원자를 찾아야 합니까?

답: 참인간이고, 의로운 분이시나 동시에 참하나님이고 모든 피조물보다 능력이 뛰어나신 분입니다.

웨스트민스터 신앙고백서 8-2 참조

하나님의 아들 예수님은 삼위 하나님 중 한 분이신데 하나님의 때에 인간의 본성을 입고, 연약함들도 함께 취하여 오셨습니다. 그러나 그분은 죄는 없으십니다. 그는 성령의 능력으로 동정녀 마리아의 몸에 잉태되어 사람으로 태어나셨고, 완전한 신성과 인성으로 오셨습니다. 그 인격은 참하나님이자 참사람이신, 그리스도로서, 하나님과 사람 사이의 유일한 중보자로 오셨습니다.

3. 예수님은 중보자로서 이 땅에 오셔서 우리의 구원을 이루시는데 낮아지심과 높아지심의 상태에서 중보 사역을 이루십니다. 그 의미를 잘 설명해보세요.

낮아지심 ⬇ ⬆ 높여주심

웨스트민스터 소요리문답 27-28문
27문: 그리스도의 낮아지심이 무엇입니까?
　답: 그리스도의 낮아지심은 그분이 강생(降生)하시되 그처럼 비천한 형편에 태어나셨고
　　율법 아래 나셨으며, 이 세상에서 여러 가지 비참함을 겪다가 하나님의 진노와 십자가의 저주의 죽음을 받으셨고, 장사되셔서 얼마 동안 죽음의 권세 아래 거하신 것입니다.
28문: 그리스도의 높아지심이 무엇입니까?
　답 : 그리스도의 높아지심은 그분이 사흗날에 죽은 자들 가운데서 부활하셨고, 하늘에 오르셨고, 성부 하나님 우편에 앉아 계시며, 마지막 날에 세상을 심판하러 오시는 것입니다.

4. 예수님의 낮아지심은 우리에게 어떤 은혜일까요?

하이델베르크 요리문답 40문, 43문, 44문
40문: 그리스도는 왜 "죽으시기"까지 낮아져야 했습니까?
　답: 하나님의 공의와 진리 때문에 우리의 죗값은 하나님의 아들의 죽음 이외에는 달리 치를 길이 없습니다.
43문: 그리스도의 십자가의 제사와 죽으심에서 우리가 받는 또 다른 유익은 무엇입니까?
　답: 그리스도의 죽으심의 공효로 우리의 옛사람이 그와 함께 십자가에 달리고 죽고, 장사되며, 그럼으로써 육신의 악한 소욕이 더 이상 우리를 지배하지 못하게 되고, 오히려 우리 자신을 그분께 감사의 제물로 드리게 됩니다.
44문: "음부에 내려가셨으며"라는 말이 왜 덧붙여져 있습니까?
　답: 내가 큰 고통과 중대한 시험을 당할 때에도 나의 주 예수 그리스도

> 께서 나를 지옥의 두려움과 고통으로부터 구원하셨음을 확신하고 거기에서 풍성한 위로를 얻도록 하기 위함입니다. 그분은 그의 모든 고난을 통하여 특히 십자가에서 말할 수 없는 두려움과 아픔과 공포와 지옥의 고통을 친히 당하심으로써 나의 구원을 이루셨습니다(시 18:5, 시 116:3)

5. 하나님께서는 이렇게 낮아지심으로 순종하신 예수님을 어떻게 높여주셨나요?

만일 그리스도인에게 십가가 복음만 있고 끝이라면, 여러분은 계속 그리스도인으로 살 수 있을까요?

예수님께서 십자가에 대신 죽어 주심으로 우리의 죄의 문제를 해결해 주셨지만, 예수님의 중보 사역은 단지 죄뿐만 아니라 죄의 결과로 우리에게 있는 이 죽음의 문제까지 해결하기 위해서 오신 것입니다. 십자가의 복음은 곧이어 부활이 있기에 참된 기쁜 소식입니다.

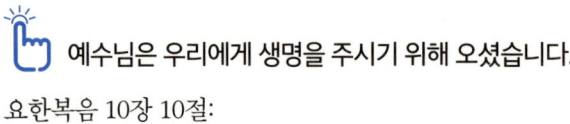 예수님은 우리에게 생명을 주시기 위해 오셨습니다.

요한복음 10장 10절:

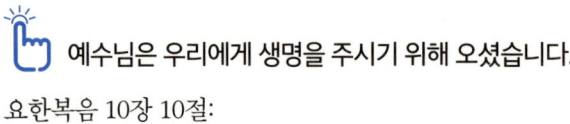 예수님은 부활이요, 생명이십니다. 이 부활의 복음은 믿는 자에게 주시는 축복입니다.

성경본문: 고린도전서 15장 20-21절
20 그러나 이제 그리스도께서 죽은 자 가운데서 다시 살아나사 잠자는 자들의 첫 열매가 되셨도다
21 사망이 한 사람으로 말미암았으니 죽은 자의 부활도 한 사람으로 말미암는도다

하이델베르크 요리문답 45문
45문 그리스도의 부활은 우리에게 어떤 유익을 줍니까?
답: 첫째, 그는 자신의 죽음으로 우리를 위해 획득하신 그 의로움에 우리를 참여시키려고 자신의 부활로 죽음을 정복하셨습니다. 둘째, 우리 역시 그의 권능에 의하여 새로운 생명으로 일으킴을 받습니다. 마지막으로 그리스도의 부활은 우리의 복된 부활에 대한 분명한 보증입니다.

 예수님이 잡혀가실 때 두려워 다 도망갔던 제자들이, 어떻게 다시 돌아와 예수님을 전하는 복음 전도자가 되었을까요?

죽음을 이기고 다시 살아나신 예수님의 부활은 제자들이 더 이상 죽음을 두려워하지 않고 믿음으로 살아가게 하는 동력이 되었습니다. 그들은 완전히 변화되었습니다. **예수님의 십자가와 더불어 부활은 교회를 세우는 중심축입니다.**

예수님의 제자들뿐만 아니라 예수님을 믿었던 초대 교회 성도들은 예수님의 부활을 믿었기에 그들에게 있었던 박해도 견딜 수 있었습니다. 이 땅에서의 삶이 전부가 아니라, 죽어도 반드시 하나님께서 다시 살리실 것을 신뢰했기 때문입니다.

👉 제자들의 믿음의 뿌리가 되는 말씀이 있습니다. 찾아보세요.

1) 빌립보서 3장 11절

2) 요한계시록 22장 20-21절

그들은 부활을 소망하며, 다시 오실 예수님을 기다리며 복음과 신앙 진리를 지키기 위해서 그들의 육신을 불사르는 현장에서도 찬송할 수 있었던 것입니다.

6. 예수님의 낮아지심과 하나님께서 다시 높여주심을 통해 나는 무엇을 믿나요?

뉴시티 교리문답 50문

50문: 그리스도의 부활은 우리에게 무슨 의미가 있습니까?

　답: 그리스도는 육체로서 부활하셔서 죄와 사망을 이기셨습니다. 그래서 그분을 믿는 사람은 누구나 이 세상에서 새로운 생명을 얻고(이미) 앞으로 올 세상에서 영생을 얻습니다(아직). 우리가 언젠가 부활하듯이, 이 세상도 언젠가 회복될 것입니다. 하지만 그리스도를 믿지 않는 사람은 영원한 죽음을 당할 것입니다.

데살로니가전서 4장 13-14절

"형제들아 자는 자들에 관하여는 너희가 알지 못함을 우리가 원하지 아니하노니 이는 소망 없는 다른 이와 같이 슬퍼하지 않게 하려 함이라 우리가 예수께서 죽으셨다가 다시 살아나심을 믿을진대 이와 같이 예수 안에서 자는 자들도 하나님이 그와 함께 데리고 오시리라"

 오늘 배운 믿음의 내용을 한 문장으로 정리해봅시다.

_____

_____

사랑의 하나님, 예수님이 저를 위해 대신 십자가 형벌 감당해주시고, 하나님이시기에 부활의 능력으로 살아나셔서 우리에게 새생명 주시는

구원을 이루심에 감사합니다. 주님 다시오실 날을 기다리며 십자가의 낮아짐과 부활의 높이심을 전하며 그 믿음으로 승리하게 하소서. 예수님 이름으로 기도합니다. 아멘

8과 | 나는 우리와 함께 하시는 성령님을 믿습니다.

 7과 복습

<순종 게임: 예수님처럼>

쪽지 세 장을 준비하여 하나씩 뽑게 한다. (1-2-3 순차적으로 미션을 수행하기)

(1. 교실 바닥을 물티슈로 청소한다.

2. 친구의 어깨를 주물러 준다.

3. 높이 숨겨둔 과자를 찾아와 나눠먹는다.

* 활동 의도: 몸을 숙여 청소함을 통해 예수님의 낮아지심을 생각하고, 높은 곳에 있는 과자를 찾아와 맛있게 먹음으로 부활의 기쁨 과 높여주시는 하나님의 은혜를 느껴보게 하는 활동입니다.)

 복습 퀴즈

1. 왜 예수님은 사람으로 오셨을까요?

2. 예수님이 사람으로 오셔서 십자가 위에서 죽임 당하시고, 장사되시고, 음부의 권세를 이겨내심은 우리에게 어떤 유익이 있을까요? 이 낮아지심은 우리에게 어떤 은혜일까요?

3. 예수님이 다시 높임 받으심은 우리에게 어떤 유익이 있습니까?

오늘의 신앙고백 **나는 우리와 함께 하시는 성령님을 믿습니다.**

혹시 성령님을 경험했거나, 성령님이 함께 하심을 느꼈던 경험이 있다면 한 가지씩 이야기해봅시다.

I. 성경에서는 성령님에 대해 무엇을 말씀하시나요?

1. 성령님은 언제부터 계셨나요?

2. 모세와 여호수아 같은 지도자들에게 성령님은 무엇을 하셨나요?(출애굽기 4:21, 신명기 34:9)

3. 열왕기상 18장 45-46절에서 성령님은 한 노인 엘리야를 어떻게 하셨나요?

4. 요엘 2장 28절을 찾아보세요.

5. 젊은 여인 마리아는 성령님에 의해 하나님의 아들 예수님을 ☐☐ 하였다. (마 1:18)

6. 예수님도 성령의 ☐☐으로 일하셨고(눅 4:14), 예수님이 승천하

신 이후에 그의 제자들, 사도들도 성령의 ☐☐으로 전도하였다(고전 2:4).

7. 성령님은 다양한 사람들을 모아 ☐☐를 이루게 하셨다. (행 2:42-47).

8. 성령님은 60년 만에 ☐☐☐의 복음을 예루살렘에서 사마리아, 시리아, 안디옥, 터키, 그리스, 로마에 이르기까지 전파되게 하셨다.

9. 성령님은 수백만 명의 사람들이 ☐☐☐을 믿도록 도우셨다. 그리고 지금도 수천만 온 세계의 사람들에게 복음이 전파되어 믿음을 갖도록 도우신다.

구약부터 신약까지 성령님은 계속해서 일하고 계셨습니다. 예수님이 승천하신 이후 성령님께서는 성도들과 함께 하시며 교회를 세우시고, 돌보십니다. 그리고 예수님이 마지막으로 부탁하신 지상 명령을 수행하도록 우리에게 능력을 주십니다.

But 그러나 아직도 예수님을 모르는 사람들이 있고, 슬퍼하고 상처 받은 사람들이 있습니다.
하나님의 창조 세계는 고통받고 있으며, 나라들은 불의와 전쟁으로 고통하고 있습니다. 성령님께서 여러분을 성령님과 함께 하나님의 사랑과 용서와 평화의 말씀을 전하고, 회복과 정의를 위해 일하도록 부르고 계십니다.

여러분은 성령님의 음성이 들리나요? 여러분의 응답은 무엇인가요?
(   )

성령의 열매: 열매로 알리라.

성령님이 우리 안에 계시면, 우리의 삶에 성령의 열매가 열립니다.(갈라디아서 5장 22,23절) 성경에는 이 열매를 9가지의 특성들로 표현합니다. 아래의 포도송이에 적어보세요.

그리고 오늘날의 표현으로 나의 재능들을 찾아 동그라미 해보세요.

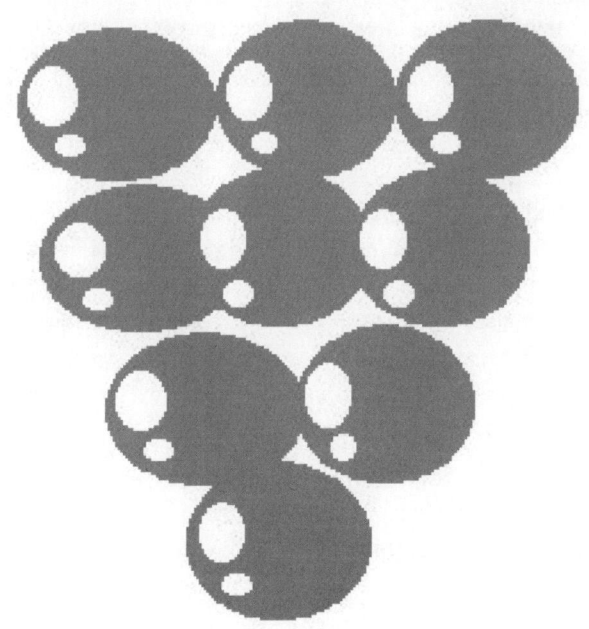

오늘날의 표현으로 성령이 주신 재능들

행정을 잘함/ 격려/ 봉사/ 자비를 베품/ 잘 인도함/ 복음을 잘 전함/ 하나님의 말씀을 잘 알고 설명함/ 잘 이해하고 해석함/ 창의적 소통-음악, 예술, 저작, 드라마, 댄스 등/ 사람들을 잘 대접함/ 주기를 좋아함/ 잘 가르침/ 믿음, 신뢰감/ 선, 악, 참, 거짓을 잘 분별함.

II. 예수님께서 소개하시는 성령님 짜잔-

요한복음 14장 16-18절
내가 아버지께 구하겠으니 그가 또 다른 보혜사를 너희에게 주사 영원토록 너희와 함께 있게 하리니
그는 진리의 영이라 세상은 능히 그를 받지 못하나니 이는 그를 보지도 못하고 알지도 못함이라
그러나 너희는 그를 아나니 그는 너희와 함께 거하심이요 또 너희 속에 계시겠음이라
내가 너희를 고아와 같이 버려두지 아니하고 너희에게로 오리라

III. 교리문답들에 나타난 성령님

웨스트민스터 소요리 문답 29문, 30문, 31문
29문: 우리가 어떻게 그리스도의 값 주고 사신 구속에 참여하는 사람이 됩니까?
  답: 그리스도의 성령께서 그 구속을 우리에게 효력 있게 적용하여 주심으로 우리는 그리스도의 값 주고 사신 구속에 참여하는 사람이 됩니다.
30문: 그리스도의 값 주고 사신 구속을 성령께서 우리에게 어떻게 적용하십니까?
  답: 성령께서는 우리를 효력 있는 부르심을 부르셔서 우리 안에 믿음을 일으켜 주시고 **그리스도와 연합하게 하심**으로 그리스도의 값 주고 사신 구속을 우리에게 적용하여 주십니다.
31문: 효력 있는 부르심이 무엇입니까?
  답: 효력 있는 부르심은 하나님의 성령께서 하시는 일로서, 우리의 죄와 비참함을 깨닫게 하시고, 우리의 마음을 밝게 하여 그리스도를 알게 하시고, 우리의 의지를 새롭게 하셔서 우리로 하여금 복음 가운데 값없이 주시는 예수 그리스도를 영접하도록 우리를 설복하여 믿게 하시는 것입니다.

하이델베르크 요리문답 53문

53문: 성령에 관하여 당신은 무엇을 믿습니까?

　답: 첫째, 성령은 성부와 성자와 함께 참되고 영원한 하나님이십니다.
둘째, 그분은 또한 나에게도 주어져서 나로 하여금 참된 믿음으로 그리스도와 그의 모든 은덕에 참여하게 하며 나를 위로하고 영원히 나와 함께 하십니다.

뉴시티 교리문답 36-37문

36문: 성령에 관해 우리는 무엇을 믿습니까?

　답: 우리는 성령이 하나님이라는 것, 성부와 성자와 영원히 공존하신다는 것, 하나님이 모든 믿는 자에게 허락하신 성령은 영원히 우리와 함께 하신다는 것을 믿습니다.

37문: 성령은 우리를 어떻게 도우십니까?

　답: 성령은 우리 죄를 깨닫게 하시며, 우리를 위로하시고 인도하시며, 영적 은사와 하나님께 순종하려는 열망을 주십니다. 또한 우리가 기도하고 하나님의 말씀을 이해하도록 도우십니다.

● 성령님은 삼위일체 하나님으로 창조와 언약과 구원의 모든 과정에 함께 하시는 분입니다. 그리고 성부 하나님, 성자 예수님과 동등한 하나님이십니다. 특히 성령님은 예수님의 구원을 우리 개개인에게 적용하셔서 하나님을 아바 아버지라 부를 수 있게 하십니다.(양자의 영) 또한 성령님의 선물로 우리는 믿음을 갖게 되어 오직 그 믿음으로 구원을 얻게 되고 영원한 생명을 얻게 됩니다. 이 성령님은 예수님께서 보내주신다고 약속하신 영으로서 예수님 승천 이후에도 늘 예수 믿는 우리와 함께 계시며, 위로하시고, 진리를 분별하게 하시고, 성경을 깨닫게 하시고, 기도를 도우시며, 우리를 점점 더 거룩하게 변화시켜 나가십니다. 그래서 구원에 있어서 삼위일체 중 성령 하나님의 사역을 "성화"라고 합니다. 성령님은 특히 교회의 영으로서, 그리스도의 몸 된 교회를 세우시고, 성도들에게 은사를 주셔서 교회를 섬기도록 역사하시고, 성도들을 끝까지 지키시는 하나님이십니다.

여러분은 성령님과 함께 하고 있나요? 어떻게 하면 성령님을 더 깊이 느낄 수 있을까요?

* 하나님께서는 그의 은혜와 성령을 오직 탄식하는 마음으로 쉬지 않고 구하고, 그것에 대해 감사하는 사람에게만 주십니다.(하이델베르크 요리문답 116문)

* 성령님에 대해 새롭게 알게 된 내용을 정리해 봅시다.

 오늘 배운 믿음의 내용을 한 문장으로 정리해봅시다.

우리와 함께 하시는 성령님, 태초부터 예수님 다시 오실 그 날까지 우리와 함께 하시며, 우리의 믿음이 자라가게 하시고, 교회를 끝까지 지켜주실 줄 믿습니다. 우리가 늘 성령님을 우리 중심에 모시고 동행하며, 능력있는 주의 일꾼들로 자라가게 해주세요. 예수님의 이름으로 기도합니다. 아멘

9과 | 나는 말씀과 성령으로 인도하시는 그리스도의 몸 된 교회를 믿습니다.

 8과 복습

1. 성령님은 누구신가요?

2. 성령님은 어떤 일을 하시나요?

> **하이델베르크 요리문답 1문 후반부**
> … 그러므로 그의 성령으로 그분은 나에게 영생을 확신시켜 주시고, 이제부터는 마음을 다하여 즐거이, 그리고 신속히 그를 위해 살도록 하십니다. (롬 8:16)

> … 성령은 자신의 빛을 비추어 주심으로써, 우리 스스로 파악할 수 없는 사실들을 이해할 수 있게 하십니다. 성령은 우리 마음 안에 구원의 약속을 표시해주심으로써, 우리에게 강한 구원의 확신을 선사하십니다. (제네바 요리문답 113)

3. 성령님을 어떻게 받을 수 있나요?(눅 11:13)

 오늘의 신앙고백 **나는 말씀과 성령으로 인도하시는 그리스도의 몸 된 교회를 믿습니다.**

* 여러분이 생각하는 교회의 모습을 그려보세요.

 교회는 무엇일까요?

교회의 한자어는 敎會입니다. "敎"는 가르치다, 會는 모이다의 뜻입니다. 즉 교회는 가르치기 위해 모인 모임입니다. 개인이 아니라 여럿이 모였다는 의미와 그 모인 목적이 무엇을 가르치기 위함이라는 것이 가장 기본적인 의미입니다. 여기에는 건물의 의미는 아직 없습니다. 그래서 이러한 모임을 위한 장소를 교회당, 또는 이 모임의 주요한 활동이 예배이므로 예배드리는 장소, 예배당이라고 불리게 되었습니다.

> **하이델베르크 요리문답 54문**
> 54문 : 거룩한 보편적 교회에 관하여 당신은 무엇을 믿습니까?
> 　답: 나는 하나님의 아들이 (누가)
> 　　세상의 처음부터 마지막 날까지 (언제)
> 　　모든 인류 가운데서 영생을 위하여 선택하신 교회를 (왜, 무엇을)
> 　　참된 믿음으로 하나가 되도록
> 　　그의 말씀과 성령으로
> 　　자신을 위하여 불러모으고 보호하고 보존하심을 믿습니다. (어떻게)
> 　　나도 지금 이 교회의 살아있는 지체이며 영원히 그러할 것을 믿습니다.

1) 교회에 대해 우리가 믿는 바를 잘 정리해주었습니다. 우선 교회는 누가 모으셨나요?

2) 그리고 언제부터 모으셨을까요? 예수님이 부활하신 이후일까요?

3) 구약의 교회와 신약의 교회는 어떻게 연결되고, 어떻게 구별될 수 있나요?

4) 하나님은 어떻게 교회를 참된 믿음으로 하나 되도록 일하시나요?

성경 본문1 : 바울이 데살로니가에 있는 성도들에게, 곧 교회에게 보낸 편지의 내용입니다.

> **데살로니가후서 2장 13-14절**
> 주께서 사랑하시는 형제들아 우리가 항상 너희에 관하여 마땅히 하나님께 감사할 것은 하나님이 처음부터 너희를 택하사 성령의 거룩하게 하심과 진리를 믿음으로 구원을 받게 하심이니
> 이를 위하여 우리가 복음으로 너희를 부르사 우리 주 예수 그리스도의 영광을 얻게 하려 하심이니라

1. 하나님께서 그 성도들을 먼저 ☐☐☐
2. 그들을 택하셔서 ☐☐을 통해 거룩하게 하시고 ☐☐을 갖게 하셨습니다.
3. 그들의 믿음으로 인해 ☐☐을 받게 하셨습니다.
4. 복음으로 그 성도들을 부르신 목적은 예수 그리스도께서 이루신 구원을 찬송하게 하심입니다.

    주님께서 ☐☐받으시도록 우리를 부르셨습니다.

 성경 본문 2 : 고린도전서 12:12-31

> 12 몸은 하나인데 많은 지체가 있고 몸의 지체가 많으나 한 몸임과 같이 그리스도도 그러하니라
> 13 우리가 유대인이나 헬라인이나 종이나 자유인이나 다 한 성령으로 세례를 받아 한 몸이 되었고 또 다 한 성령을 마시게 하셨느니라
> 14 몸은 한 지체뿐만 아니요 여럿이니
> 15 만일 발이 이르되 나는 손이 아니니 몸에 붙지 아니하였다 할지라도 이로써 몸에 붙지 아니한 것이 아니요
> 16 또 귀가 이르되 나는 눈이 아니니 몸에 붙지 아니하였다 할지라도 이로써 몸에 붙지 아니한 것이 아니니
> 17 만일 온 몸이 눈이면 듣는 곳은 어디며 온 몸이 듣는 곳이면 냄새 맡는 곳은 어디냐
> 18 그러나 이제 하나님이 그 원하시는 대로 지체를 각각 몸에 두셨으니
> 19 만일 다 한 지체뿐이면 몸은 어디냐

20 이제 지체는 많으나 몸은 하나라
21 눈이 손더러 내가 너를 쓸 데가 없다 하거나 또한 머리가 발더러 내가 너를 쓸 데가 없다 하지 못하리라
22 그뿐 아니라 더 약하게 보이는 몸의 지체가 도리어 요긴하고
23 우리가 몸의 덜 귀히 여기는 그것들을 더욱 귀한 것들로 입혀 주며 우리의 아름답지 못한 지체는 더욱 아름다운 것을 얻느니라 그런즉
24 우리의 아름다운 지체는 그럴 필요가 없느니라 오직 하나님이 몸을 고르게 하여 부족한 지체에게 귀중함을 더하사
25 몸 가운데서 분쟁이 없고 오직 여러 지체가 서로 같이 돌보게 하셨느니라
26 만일 한 지체가 고통을 받으면 모든 지체가 함께 고통을 받고 한 지체가 영광을 얻으면 모든 지체가 함께 즐거워하느니라
27 너희는 그리스도의 몸이요 지체의 각 부분이라
28 하나님이 교회 중에 몇을 세우셨으니 첫째는 사도요 둘째는 선지자요 셋째는 교사요 그 다음은 능력을 행하는 자요 그 다음은 병 고치는 은사와 서로 돕는 것과 다스리는 것과 각종 방언을 말하는 것이라
29 다 사도이겠느냐 다 선지자이겠느냐 다 교사이겠느냐 다 능력을 행하는 자이겠느냐
30 다 병 고치는 은사를 가진 자이겠느냐 다 방언을 말하는 자이겠느냐 다 통역하는 자이겠느냐
31 너희는 더욱 큰 은사를 사모하라 내가 또한 가장 좋은 길을 너희에게 보이리라

Q 위의 말씀을 통해 알 수 있는 교회는 무엇인가요?(13, 20, 27 절 참고)

그러면 우리 ○○○○교회는 교회인가요?

청소년부(중,고등부)는 교회인가요?

Q 교회에는 어떤 직분들과 일들이 있나요?(28, 29절 참고)

Q 12장의 마지막에 바울은 교회에 주신 가장 좋은 길, 더욱 큰 은사에 대해 이야기합니다. 바울은 이 은사가 교회를 하나되게 하는데 가장 좋은 길이라고 제시합니다. 이것은 무엇일까요?

Q 세상에는 많은 교회들이 있습니다. 그러면 아무 교회에나 가도 되나요? 바른 교회, 참된 교회를 구별하는 기준이 있나요?

벨직 신앙고백서 28장
… 참교회임을 알 수 있는 몇 가지 사실은 다음과 같다. 만일 복음의 순수한 교리가 전파되고, 그리스도에 의해 세워진 성례가 순수하게 이행되며, 교회의 가르침으로 인해 죄를 징벌하는 일이 일어난다면 이는 참교회에 속하는 것이다.

벨직신앙고백서(1561년, 귀도 드브레)는 참된 교회의 표지로써 세 가지 기준을 제시합니다. 말씀, 성례, 권징입니다. 순수한 복음이 전달되고 예수께서 제정하신 성례가 지켜지며 말씀을 기준으로 권징 즉, 삶의 훈련이 시행되는 곳이 참된 교회라고 이야기합니다. 이 세 가지는 예수 그리스도께서 자기 백성과 만나시는 방법이고, 말씀과 성례와 권징을 통해 우리는 주님이 함께 하심을 경험합니다.

< 그리스도의 몸 된 교회의 지체된 우리의 특권은 무엇일까요? >
1. 그리스도의 몸 된 교회는 그리스도와 ☐☐ 할 수 있는 특권을 가졌습니다.
웨스트민스터 신앙고백서 26장: '자신의 머리 되시는 예수 그리스도와 연합되어 있는 모든 성도들은 그의 영으로 말미암아 믿음을 통해서 그의 은혜, 고난, 죽음, 부활, 그리고 영광 안에서 그와 교제한다.'

2. 교회는 서로 연합하여 ☐☐을 끼칠 수 있습니다.
'성도들은 사랑으로 서로 연합되어 있기 때문에, 각자에게 주어져 있는 은사와 은혜 안에서 교통한다.'

3. 교회는 성령과 ☐☐ 안에서 하나가 됩니다.
우리는 그리스도의 몸의 각 지체들이기 때문에 서로 하나입니다.

오늘 배운 신앙의 내용을 정리해봅시다.

_____

_____

_____

> **뉴시티 교리문답 48**
> * 교회는 영생을 얻도록 택함받고
>   믿음으로 하나 된 자들로 함께 하나님을 사랑하고 따르며, 배우고 예배합니다.

교회를 위해 기도해요. (우리 교회의 기도 제목을 찾아봅시다.)

1. 혹시 우리 교회에 다니며 불평했던 것이 있나요? 어떻게 하면 그 불평이 감사로 바뀔 수 있을까요?

2. 내가 교회를 위해 섬길 수 있는 것은 무엇이 있을까 생각해봅시다.

 | **나는 성령님께서 말씀과 성례로 믿음을 자라게 하심을 믿습니다.**

 9과 복습

1. 교회는 무엇일까요?

2. 참된 교회를 구별하는 기준 세 가지는 무엇일까요?

3. 그리스도의 몸 된 교회 안에는 사도, 선지자, 교사, 능력행하는 자, 병고치는 자, 서로 돕는 자, 다스리는 자, 방언하는 자 등을 세우셔서 복음을 전하고, 교육하게 하셨습니다. 그런데 이 모든 은사보다 교회를 하나되게 하는 더 큰 은사가 있는데 그것은 무엇일까요?

 **나는 성령님께서 말씀과 성례로 믿음을 자라게 하심을 믿습니다.**

< 나의 성장 비결 나누기 >

그리스도께서는 교회가 참된 믿음으로 하나가 되도록 말씀과 성령으로 불러 모으고, 보호하고, 보존하십니다. 우리는 참된 믿음으로만 하나님 앞에서 의롭다하심을 받을 수 있고, 영원한 생명을 얻게 되는 것입니다.

Q. 지금까지 성장하는 과정 중에 가장 키가 많이 컸던 시절 나는 무엇을 먹었는지? 또는 무슨 운동을 했는지 이야기해보세요. **신체적 성장** 또는 나의 **지적, 정서적, 인격적 성장**에 가장 중요한 영향을 준 것은 무엇이었는지 생각해보고, 옆사람과 이야기해보세요.

 그러면 우리는 어떻게 이러한 믿음을 갖게 되나요?

* 로마서 10장 17절을 찾아보세요.

하이델베르크 요리문답 65문
65문: 오직 믿음으로만 우리가 그리스도와 그의 모든 은덕(恩德)에 참여할 수 있는데, 이 믿음은 어디에서 옵니까?
　　답: (　　　)에게서 옵니다. 그분은 거룩한 (　　　)의 강설로 우리의 마음에 믿음을 일으키며, (　　　)의 시행(施行)으로 믿음을 굳세게 하십니다.

1. 말씀

복음의 강설은 설교(말씀 선포)를 말하고, 성례는 세례와 성찬을 말합니다. 즉 교회 예배에서 행해지는 말씀 선포와 세례와 성찬에 참여함을 통해 우리의 믿음이 자라고, 견고해집니다.

우리의 마음속에서 믿음을 불러일으키는 것은 성령께서 말씀을 통해 가능하게 하십니다. 복음이 설교를 비롯한 다양한 수단으로 선포될 때 □□께서 그 말씀을 마음 가운데 심어주셔서 믿음이 자라게 하시는 것입니다.

> **하이델베르크 요리문답 21문**
> 21문: 참된 믿음은 무엇입니까?
> 답: 참된 믿음은 하나님께서 그의 말씀에서 우리에게 계시하신 모든 것이 진리라고 여기는 확실한 지식이며, 동시에 성령께서 복음으로써 내 마음속에 일으키신 굳은 신뢰입니다.
> 곧 순전히 은혜로, 오직 그리스도의 공로 때문에 하나님께서 죄 사함과 영원한 의로움과 구원을 다른 사람뿐만 아니라 나에게도 주심을 믿는 것입니다.

그런 의미에서 설교 말씀이 천국을 열고 닫는 열쇠의 기능을 한다고 합니다. 하나님의 말씀을 듣고 믿음으로 받아들이는 사람은 하나님 나라를 받는 것입니다.

> **하이델베르크 요리문답 84문**
> 84문: 거룩한 복음의 강설을 통하여 어떻게 천국이 열리고 닫힙니까?
> 답: 그리스도의 명령에 따라, 하나님께서 그리스도의 공로 때문에 사람들이 참된 믿음으로 복음의 약속을 받아들일 때마다 참으로 그들의 모든 죄를 사하신다는 사실이 신자들 전체나 개개인에게 선포되고 공적으로 증언될 때, 천국이 열립니다.
> 반대로 그들이 돌이키지 않는 한 하나님의 진노와 영원한 정죄가 그들 위에 머문다는 사실이 모든 믿지 않는 자와 외식하는 자에게 선포되고 공적으로 증언될 때, 천국이 닫힙니다. 이러한 복음의 증언에 따라서 하나님께서는 이 세상에서와 장차 올 세상에서 심판하실 것입니다.

< 예배 중 말씀을 듣는 나의 태도는 어떠한가요? >

말씀을 잘 듣고 기억하기 위해 나는 어떤 방법이 유익하다고 생각하나요? 나의 믿음이 잘 자랄 수 있도록 나에게 맞는 방법을 찾아봅시다.
1) 예배 전 일찍 가서 성령님께서 마음을 열어주시길 기도한다.
2) 예배 시작 전에 주보에 적혀있는 본문 말씀을 먼저 읽어본다.
3) 설교 말씀을 들을 때 주보의 말씀 기록란이나 설교 노트에 적어본다.
4) 설교 시간에 요약적으로 적은 것을 집에서 다시 한번 기억하며 정리한다.
5) 분반 모임이나 가족과 함께 저녁 식사를 하며 오늘 말씀을 통해 받은 은혜를 나눈다.

2. 하나님의 눈높이 교육 : 성례

참된 교회에는 말씀과 성례와 권징이 있다고 했는데, 성례는 무엇일까요? 문자적인 뜻은 거룩한 예전, 의식이라는 말이죠. 하나님의 말씀이 설교될 때 우리가 귀로 듣고 마음에 새긴다면, 성례는 말씀을 보는 것입니다. 그래서 어거스틴은 성례를 "보이는 말씀"이라고 합니다. 하나님의 약속들을 우리 눈앞에 분명히 보여주기 때문입니다.

 그런데, 성례는 교회의 목사님들이나 교회의 회의를 통해 인간이 만든 것일까요? NO

15세기 당시 로마 카톨릭교회는 성경에서 말씀하신 성례들 이외에도 여러 가지 성례들을 덧붙이게 되어 7성례가 있었답니다.
그러나 종교개혁 교회는 이 많은 성례들 중, 성경에서 예수님께서 세우신 두 가지, 세례와 성찬만을 교회에서 믿음을 자라게 하는 은혜의 수단으로 사용합니다.

하이델베르크 요리문답 68문

68문: 그리스도께서 신약에서 제정하신 성례는 몇 가지입니까?
  답: 거룩한 세례와 성찬, 두 가지입니다.

 그러면 성례는 우리에게 어떤 의미가 있나요?

하이델베르크 요리문답 66문

66문: 성례가 무엇입니까?
  "성례는, 복음 약속의 눈에 보이는 거룩한 (   )와 (   )으로, (   )께서 제정하신 것입니다. 성례가 시행될 때, 하나님께서는 복음 약속을 우리에게 훨씬 더 충만하게 선언하고 확증하십니다. 이 약속은 그리스도께서 십자가 위에서 이루신 단번의 제사 때문에, 하나님께서 우리에게 죄 사함과 영원한 생명을 은혜로 주신다는 것입니다.

성례는 보이지 않는 하나님의 은혜와 약속을 눈에 보이는 형태로 나타내어 확실하게 증거합니다. 성례를 통하여 우리는 우리에게 부어진 구원의 은혜를 확신하며 그 은혜에 참여하는 것입니다.

웨스트민스터 소요리문답 91문

91문: 성례가 어떻게 효력있는 구원의 방도가 됩니까?
  답: 성례가 효력있는 구원의 방도가 되는 것은 성례 자체에나 성례를 행하는 사람에게 어떤 덕이 있어서가 아니라, 오직 그리스도의 복주심과 믿음으로 성례를 받는 사람 속에서 그리스도의 성령께서 일하심으로 됩니다.

말씀을 믿을 때 성례의 효력이 나타나는 것입니다. 그러므로 믿음으로 세례를 받도록 교회는 세례의 의미와 그 속에 담겨 있는 약속의 의미를 깨닫고 믿음에 이를 때까지 교육해야 합니다. 예수 그리스도의 십자가가 성례의 실체인 것을 확실히 믿도록 교육하지 않고, 신체적으로 청소년이 되었다고 주어지는 통과 의례로 세례나 입교가 거행된다면 그것은 우리의 영혼에 아무 유익이 없다고 칼빈은 경고합니다. (기독교 강요 3권 14장에서)

또한 성례가 올바르게 수행되려면 반드시 내적인 교사 되시는 성령님이 오셔야 합니다. 성령의 힘이 아니면 성례가 하나님의 일임을 깨달을 수 없습니다. 성령께서 우리의 마음을 부드럽게 하시고, 말씀에 순종하도록 준비시키시고, 말씀과 성례가 우리 영혼에 전달되도록 하십니다.

(1) 세례

> 마 28:19
> 그러므로 너희는 가서 모든 민족을 제자로 삼아 (　　)와 (　　)과 (　　)의 이름으로 세례를 베풀고

 세례는 누가 하라고 하셨나요?

세례는 예수님의 명령으로 시작되었습니다. 예수님은 제자들에게 많은 사람들을 전도하여 세례를 베풀라고 명령하십니다. 이 명령에 따라 제자들은 복음을 전하고 세례를 베풀며 예수님의 말씀에 순종했고, 이 전통은 오늘까지 이어져오고 있습니다.

> **Q** 그렇다면 세례란 무엇일까요?

> **웨스트민스터 소요리문답 94문**
> 94문: 세례가 무엇입니까?
> 　답: 세례는 성부와 성자와 성령의 이름 안으로 연합시키는 물로 씻는 성례입니다. 세례는 우리가 그리스도에게 접붙여짐과 은혜 언약의 유익에 참여함과 주님의 것이 되기로 약속함을 표시하고 인칩니다.

> **하이델베르크 요리문답 70문**
> 70문: 그리스도의 피와 성령으로 씻겨진다는 것은 무슨 뜻입니까?
> 답: 그리스도의 피로 씻겨짐은 십자가의 제사에서 우리를 위해 흘린 그리스도의 피로 말미암아 은혜로 우리가 하나님께 죄 사함 받았음을 뜻합니다. 성령으로 씻겨짐은 우리가 성령으로 새롭게 되고 그리스도의 지체로 거룩하게 되어 점점 더 죄에 대하여 죽고 거룩하고 흠이 없는 삶을 사는 것을 의미합니다.

* **세례와 삼위 하나님의 언약**

세례는 ① 죄지은 인간에게 반드시 있어야 하는 죄 씻음의 상징(딛 3:5, 행 22:16). ② 하나님께서 예수 그리스도를 통해 죄로 인한 언약의 깨어짐을 회복하시고, 다시 그의 죄를 사하시고, 하나님의 자녀되게 하시는 인침의 자리. ③ 성부, 성자, 성령의 이름에 연결되어 삼위 하나님과 다시 친밀하게 연결되는 새 언약의 체결식.

우리는 세례를 받을 때 삼위 하나님의 이름으로 세례를 받습니다.

①우리가 성부의 이름 안으로 세례를 받을 때,

성부 하나님께서는 우리와 영원한 은혜의 언약을 맺어 주심을 선언하시고 인을 쳐주십니다. 성부께서는 우리를 그분의 자녀와 상속자로 삼아주시고, 그렇기 때문에 우리에게 모든 좋은 것을 내려주시고, 모든 악은 피하게 하여 주시거나 합력하여서 선을 이루도록 하여 주실 것을 약속하십니다.

②우리가 성자의 이름 안으로 세례를 받을 때,

성자 하나님께서는 그분의 보혈로서 우리의 죄를 모두 씻어서 정결케 하시고 우리를 그분의 죽음과 부활에 연합시켜 주심을 약속하십니다. 그리하여 우리는 우리의 죄로부터 해방을 받고 하나님 앞에서 의롭다고 여김을 받습니다. (행 2:38, 롬 6:4; 골 2:12; 요일 1:7)

③또한 성령의 이름 안으로 세례를 받을 때,

성령께서 우리 안에 거하셔서 우리를 그리스도의 살아있는 지체로 만드신다는 것을 믿습니다. 우리는 성령의 전입니다.

성령께서는 그리스도의 은혜를 실제로 누리게 하셔서 죄 사함을 얻고 새로운 삶을 살게 하십니다. 그리스도께서 우리를 위하여 이루신 구원의 사실을 성령께서 알려주시기 때문에 우리는 예수님을 '주'라고 고백할 수 있습니다(고전 12:3).

이와 같이 세례는 삼위 하나님의 언약을 인치시고, 보증하시는 중요한 의식입니다.

👆 어떤 교회들은 성장해서 자신의 입으로 신앙을 고백하는 자들에게만 세례를 줍니다. 그런데 왜 개혁교회들은 유아들에게도 세례를 주나요?

> 과거 구약 시대에는 하나님께서 할례를 통해 많은 아이들을 그분의 언약으로 초대하셨습니다. 할례를 받는 아이들은 스스로 믿음을 고백할 수 없는 영아들이었지만 하나님께서는 그런 아이들조차도 할례를 통해 언약 안에 머물게 하십니다. 스스로는 아무것도 선택할 수 없는 연약한 아이들이지만 하나님의 전적인 은혜로 그분의 자녀가 될 수 있었던 것입니다.

이 예식이 신약 이후에는 유아 세례로 제정됩니다. 이제 아이들은 할례 없이도 세례를 통해 하나님의 언약 안에 초대받을 수 있게 되었습니다. 아이들은 부모의 믿음을 담보로 유아 세례를 받게 되고, 이 세례를 통해 하나님의 자녀로 부르심을 받습니다. 하나님의 언약을 믿는 부모들은 유아 세례를 인정하고, 하나님의 언약의 선물인 자녀들을 하나님 앞으로 데리고 나와 유아 세례를 받게 합니다.

이렇게 유아 세례는 우리가 택함받고 구원받은 것이 전적으로 하나님의 은혜와 하나님의 언약에 근거하는 것임을 믿는 개혁교회 신자들의 믿음의 의식으로 부모들이 하나님이 선물로 주신 자녀들을 믿음으로 키우겠다는 약속입니다. 또한 교회 공동체는 이 유아가 자신의 입으로 믿음을 고백하는 입교에 이르기까지 잘 교육해야 할 사명이 있음을 기억하는 자리이기도 합니다.

하이델베르크 요리문답 74문

74문: 유아들도 세례를 받아야 합니까?

답: 그렇습니다. 그것은 유아들도 어른들과 마찬가지로 하나님의 언약과 교회에 속하였고 또한 어른들 못지않게 유아들에게도 그리스도의 피에 의한 속죄와 믿음을 일으키시는 성령이 약속되었기 때문입니다.

그러므로 유아들도 언약의 표인 세례를 통하여 그리스도의 교회에 연합되고, 불신자의 자녀와 구별되어야 합니다. 이런 일이 구약에서는 할례를 통하여 이루어졌으나 신약에서는 그 대신 세례가 제정되었습니다.

이렇게 세례 받은 아이들은 스스로 신앙을 고백할 수 있는 나이가 될 때 입교의 자리로 나아갑니다. 유아 때 받은 세례의 의미를 스스로 깨닫고 그것을 많은 사람들 앞에서 자신의 신앙으로 고백하게 되는 것입니다. 공적으로 자신의 신앙을 고백한 사람들은 이 의미를 되새기며 성찬의 자리에 참여할 수 있게 됩니다.

> **웨스트민스터 소요리문답 96-97문**
>
> 96문: 주님의 성찬이 무엇입니까?
>
> 답: 주님의 성찬은 그리스도께서 정하신 대로 떡과 포도주를 주고 받음으로써 그의 죽으심을 나타내 보이는 성례입니다. 주님의 성찬을 합당하게 받는 사람은 물질적이고 육신적인 태도가 아니라 믿음으로 받고 그리스도의 몸과 피에 참여하여서 주님의 모든 유익을 받고, 신령한 양식을 먹고 은혜 안에서 장성합니다.
>
> 97문: 주님의 성찬을 합당하게 받으려면 어떻게 하여야 합니까?
>
> 답: 주님의 성찬에 합당하게 참여하려는 사람은 주님의 몸을 분별하는 지식이 있는지, 주님을 양식으로 삼는 믿음이 있는지, 회개와 사랑과 새로운 순종이 있는지 스스로 살펴야 합니다.
> 그렇지 아니하면 합당치 않게 나아옴으로 자기에게 임할 심판을 먹고 마시게 됩니다.

이렇게 주님의 거룩한 성찬에 참여하기 위해 우리는 지금까지 교리 교육을 받고 있습니다. 그리고 믿음의 내용을 배웁니다. 그리고 더 나아가 회개와 사랑과 순종의 삶을 훈련합니다. 이렇게 우리가 준비되고 마음으로부터 깊은 회개와 감사와 순종이 일어날 때 우리는 입교의 자리로 나아갑니다.

Q 입교를 준비하는 나는 어떠한 준비가 필요할까요?

< 입교 지원서 >

나 (   )은(는)

언약의 표인 유아 세례를 통해 그리스도의 교회에 연합되었고,

그리스도를 나의 주, 나의 하나님으로 고백합니다.

입교 교육을 통하여 부모님들께서 나의 유아 세례 때 고백하셨던 믿음의 내용을 다시 확실히 배우고 나도 하나님 앞에서, 그리고 교회의 성도들 앞에서 그렇게 신앙을 고백하는 믿음의 사람이 되기를 원하여 신청합니다.

년   월   일

서명 (   )

10과 | 나는 성령님께서 말씀과 성례로 믿음을 자라게 하심을 믿습니다.

11과 | 하나님 나라의 시민 된 나는 하나님을 사랑합니다.

 10과 복습

1. 세례는 무엇일까요?

2. 왜 우리교회는 유아 세례를 주나요? 유아 세례를 받은 것은 나에게 어떤 의미가 있나요?

3. 하나님께서 우리의 믿음이 자라도록 교회에 주신 두 가지 은혜의

수단은 무엇일까요?

 **하나님 나라의 시민 된 나는 하나님을 사랑합니다.**

* 다음 나라의 헌법 1조를 비교해봅시다! 어떤 특징들이 있나요?

< 일본 헌법 제1조 >
천황은 일본국의 상징이며, 일본 국민 통합의 상징으로서, 그 지위는 주권이 소재하는 일본 국민의 총의에 기초한다.

< 프랑스 헌법 제1조 1항 >
프랑스는 비종교적, 민주적, 사회적, 나눌 수 없는 공화국이다. 프랑스는 출신, 인종, 종교에 따른 차별 없이 모든 시민이 법률 앞에서 평등함을 보장한다. 프랑스는 모든 신념을 존중한다. 프랑스는 지방 분권으로 이루어진다.

< 미국 수정 헌법 제1조 >
연방 의회는 국교를 정하거나 또는 자유로운 신앙 행위를 금지하는 법률을 제정할 수 없다.
또한 언론, 출판의 자유나 국민이 평화로이 집회할 수 있는 권리 및 불만 사항의 구제를 위하여 정부에게 청원할 수 있는 권리를 제한하는 법률을 제정할 수 없다

< 대한민국 헌법 1조 >
① 대한민국은 민주 공화국이다.
② 대한민국의 주권은 국민에게 있고, 모든 권력은 국민으로부터 나온다.

Q 여러분이 법을 제정할 수 있는 위치에 오르게 된다면, 만약, 여러분이 헌법의 중요한 정신을 수정할 수 있는 역할을 맡게 된다면, 우리나라의 헌법에 어떠한 정신을 넣고 싶은가요? 나의 수정헌법 1조를 만들어 봅시다.

( )의 대한민국 수정헌법 1조

Q 자, 그러면, 하나님 나라의 법은 어떠할까요?

예수 그리스도의 구원의 은혜로 하나님 나라의 시민이 된 우리에게 요구되는 법적인 기준이 있나요?

미가서 6장 8절

요한1서 5장 2절

사람이 마땅히 순종할 규칙으로 하나님께서 처음 나타내 보이신 것은 무엇입니까?

* 십계명의 강령(요약)은 무엇입니까?

(마태복음 22장 37-40절 예수님 말씀, 웨스트민스터 소요리문답 42문)

 출애굽기 20장 1-17절까지 읽으며 십계명의 의미를 생각해봅시다.

♥ 하나님 사랑의 법을 정리해보아요 (십계명 1-4계명, 소요리문답 참조)	
1계명	너는 나 외에는 다른 신들을 네게 있게 말지니라
의미	하나님께서 유일하고 참되신 하나님이시고 우리의 하나님이심을 알고 인정하며(이사야 45:22) 그에 합당하게 하나님을 경배하고 영화롭게 하라는 것(시편 29:2)
나의 적용	
2계명	너를 위하여 새긴 우상을 만들지 말고, 또 위로 하늘에 있는 것이나 아래로 땅에 있는 것이나 땅 아래 물 속에 있는 것의 아무 형상이든지 만들지 말며 그것들에게 절하지 말며, 그것들을 섬기지 말라. 나 여호와는 질투하는 하나님인즉…(출애굽기 20:4-6)
의미	하나님께서 말씀으로 정해 주신 모든 경건한 예배와 규례를 받아들이고 그대로 행하여 순전하고 온전하게 지키라는 것. 하나님께서 예배를 드릴 때에 형상을 사용하거나 혹은 하나님의 말씀에서 정하여 주시지 않은 다른 방법을 조금이라도 사용하지 말라는 것. 왜냐하면, 하나님께서 우리의 주권자이시고(시편 95:7), 우리의 소유주이시기(시편 100:3)에 친히 정하신 대로 경배받기를 열망하시기 때문입니다.

11과 | 하나님 나라의 시민 된 나는 하나님을 사랑합니다.

나의 적용	
3계명	너는 너의 하나님 여호와의 이름을 망령되이 일컫지 말라. 나 여호와는 나의 이름을 망령되이 일컫는 자를 죄없다 하지 아니하리라
의미	하나님의 이름과 칭호와 속성과 규례(규칙)와 말씀과 행사를 존경하는 마음으로 거룩하게 사용하라는 것. 하나님의 의로운 심판이 있다는 것 기억해야 함.
나의 적용	
4계명	안식일을 기억하여 거룩히 지키라. 엿새 동안은 힘써 네 모든 일을 행할 것이나, 제칠일은 너의 하나님 여호와의 안식일인즉, … 아무 일도 하지 말라 이는 엿새 동안에 나 여호와가 하늘과 땅과 바다와 그 가운데 모든 것을 만들고 제칠 일에 쉬었음이라.(출애굽기 20:8-11) 그러므로 나 여호와가 안식일을 복되게 하여 그날을 거룩하게 하였느니라
의미	하나님께서 주님의 말씀으로 정하신 일정한 시간을 하나님께 거룩하게 지키는 것, 곧 7일 중 하루를 종일토록 하나님께 거룩한 안식일로 지키라는 것(출 31:16) 예수님의 부활 이후 매주의 첫째 날을 그리스도인의 안식일로 정하게 됨. 온종일 거룩하게 쉬고, 다른 날에 하던 정당한 세상일과 오락까지도 쉬고, 또한 그 모든 시간을 하나님께 공적으로나 개인적으로 예배드리는 데에 사용함으로써 안식일을 거룩하게 지키라. 안식일은 주님의 날이므로. 친히 쉬시고, 복주신 날.
나의 적용	

십계명은 "누가", "언제", "누구에게", "왜" 주신 법인가요?

Who?	
When & Where?	
To whom?	
Why?	

< 적용 활동 : 일상에서 하나님 사랑하기 >

 나의 주중 하루 일과표를 그려봅시다. 나의 일과 시간표에 하나님을 위한 자리가 있는지 표시해보세요. 그리고 주일 일과표도 그려봅시다.

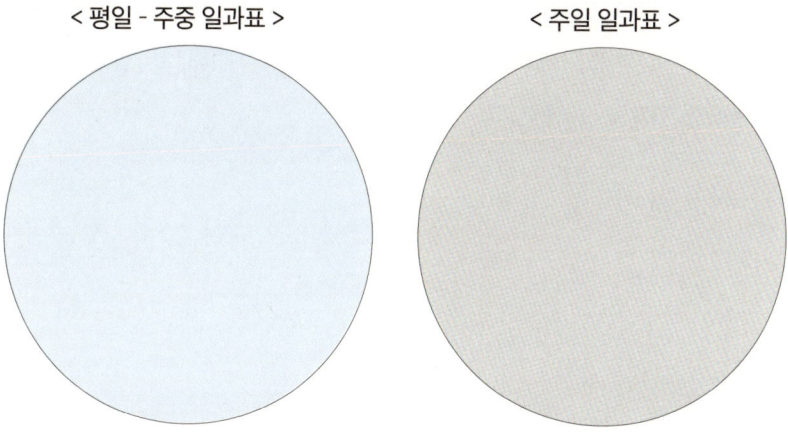

< 평일 - 주중 일과표 >   < 주일 일과표 >

나의 하루 일과 중에 하나님이 들어가실 자리가 얼마나 있었나요?

 사랑은 좋아하고 소중히 여기는 마음입니다.
"사랑하다"라는 동사는 한국어의 옛말 "괴다"에서 왔어요. 고이다-생각하다. 즉 사랑하면 많이 생각하게 되는 것이죠. 사랑하면 나타나는 현상들을 세 가지만 적어보세요.

1.
2.
3.

 나는 하나님께 예배하는 것이 기다려지고, 즐겁고, 많은 시간 하나님과 함께 보내고 있나요? 위의 사랑하는 사람이 있을 때 나타나는 현상이 하나님께 예배할 때 나타나나요? 혹시 그렇지 않다면, 나는 하나님을 사랑하는 것이 맞나요? 내가 하나님을 더 많이 사랑하기 위해 나의 삶의 변화가 필요한 부분을 적어봅시다.

사랑의 하나님,

우리를 죄로부터 구원해주시고, 자유자가 되게 하셔서 감사합니다. 하나님의 백성, 자녀 삼아주시고, 자녀다운 삶의 윤리로 십계명, 하나님 나라의 시민의 법을 주셨는데, 그 법을 지키며 사는 행복을 깨닫게 하시고, 특히 하나님이 누구신지 정확히 알아서 하나님께 그에 합당한 존경과 감사를 드리고, 하나님께 합당한 예배를 드리고, 하나님의 이름을 매일의 삶에서 높여드리는 삶이 되게 하여 주옵소서. 그리고 일주일의 시간 속에 하나님을 기억하게 하시고, 특별히 복주시는 주일, 하나님의 날에는 전심으로 마음과 시간을 드려 하나님을 만나고, 예배하고, 성경을 배우고, 주님의 몸 된 교회에서 성도들과 함께 하나님을 즐거워하고, 하나님을 기쁘시게 하는 자 되게 하여 주세요.

예수님의 이름으로 기도합니다. 아멘.

12과 | 하나님 나라의 시민 된 나는 이웃을 사랑합니다.

11과 복습

1. 하나님 나라의 법과 윤리는 어디에 잘 정리되어 있나요?

2. 하나님 사랑의 계명들을 외워봅시다.

3. 주일을 거룩히 지키는 방법을 이야기해 봅시다.

 **하나님 나라의 시민 된 나는 이웃을 사랑합니다.**

예수님께서는 "내 이웃을 내 몸과 같이 사랑하라"(마태복음 19:19)는 말씀으로 하나님 나라의 또 하나의 중요한 법 정신을 요약해 주십니다. 십계명에서 5계명부터 10계명에 이르는 계명들을 이웃 사랑의 법으로 묶어서 그 의미들을 생각해봅시다.

< 주원이의 마음 엿보기 >

"나는 옆집에 이사 온 녀석이 맘에 들지 않는다. 그 녀석은 고급 전동 휠을 타고 다니며 있는 폼을 다 낸다. 게다가 제일 비싼 영어 학원에 다니는데, 거기서도 Top 이다. 미국물 좀 먹었나보다. 엄마는 이 녀석과 나를 비교하며 뭐라 하신다. 나는 그 녀석이 밉다. 그래서 나는 내 친구에게 그 녀석 뒷담화를 한참하고 내 친구를 시켜서 그 녀석에게 까나리 액젓이 들어간 콜라를 전해주었다. 그리고 난 멀리서 그 콜라를 먹고 어쩔 줄 모르는 그 녀석을 바라보고 있다. ㅋㅋㅋ 나쁜 놈, 넌 고생 좀 해야 해!"

지금 주원이는 십계명의 어떤 어떤 계명들을 위반하고 있나요?

* 출애굽기 20장 12절-17절까지 읽으며 이웃 사랑의 계명들을 생각해 봅시다.

♥이웃 사랑의 법을 정리해 보아요(십계명 5-10계명)	
5계명	네 부모를 공경하라 그리하면 너의 하나님 나 여호와가 네게 준 땅에서 네 생명이 길리라(출애굽기 20:12)
의미	내 위에 있는 모든 권위에 합당한 순종을 하며, 공경과 사랑과 신실함을 나타내고, 그들의 약점과 부족을 인내하라. 하나님께서 그들의 손을 통해 우리를 다스리시기 때문이다.(하이델베르크 요리문답 104문, 1563년) 각각의 여러 지위와 인간의 윤리적 관계에서 각 사람의 명예를 존중하지 않고, 각 사람에 대한 의무 수행하기를 소홀히 하지 말라.(소요리문답 65문, 1647년 참조)
나의 적용	
6계명	살인하지 말지니라(출애굽기 20:13)
의미	내 이웃의 명예를 훼손하거나 그들을 미워하거나 해치거나 죽이지 말라. 다른 사람을 시켜서도 안 된다. 살인의 뿌리가 되는 모든 시기, 증오, 분노, 복수심을 버리라. 국가는 칼로 살인을 막도록 허락하심.(하이델베르크 요리문답 105-106문 참조) 모든 정당한 노력을 기울여 자기 자신의 생명과 다른 사람의 생명을 보존하라.(소요리문답 68문)
나의 적용	
7계명	간음하지 말지니라(출애굽기 20:14, *데살로니가전서 4장 3-5절)

의미	마음과 말과 행동에서 자기 자신의 정조와 이웃의 성적 순결을 보존하라 (소요리문답 71문) 하나님께서는 우리의 몸과 영혼이 모두 성령의 전이므로 몸과 영혼을 순결하고 거룩하게 지키기를 원하신다.(하이델베르크 요리문답 109문)
나의 적용	
8계명	도둑질하지 말지니라(출애굽기 20:15)
의미	자기 자신이나 다른 사람의 부와 재산을 합법하게 얻고 증진시키라.(소요리문답 74문) 이웃의 소유를 자기 것으로 삼으려고 시도하는 모든 속임수와 간계를 도둑질로 여기신다. 또한 모든 탐욕을 금하시고, 그의 선물들이 조금이라도 잘못 사용되거나 낭비되는 것을 금하신다. 하나님께서는 나의 이웃의 유익을 증진시키며, 내가 남에게 대접받고 싶은 대로 이웃에게 행하고, 더 나아가 어려운 가운데 있는 가난한 사람을 도울 수 있도록 성실히 일해야 한다.(하이델베르크 요리문답 110-111문)
나의 적용	
9계명	네 이웃에 대하여 거짓 증거하지 말지니라(출애굽기 20:16)
의미	사람 사이의 진실함과 자기 자신과 이웃의 명예를 유지하고 증진시키라는 것, 특히 증언할 때.(소요리문답 77문) 진리를 사랑하고, 정직하게 진실을 말하고 고백하며, 최대한 이웃의 명예와 평판을 보호하고 높여야.(하이델베르크 요리문답 112문)
나의 적용	
10계명	네 이웃의 집을 탐내지 말지니라. 네 이웃의 아내나 그의 남종이나 그의 여종이나 그의 소나 그의 나귀나 무릇 네 이웃의 소유를 탐내지 말지니라(출애굽기 20:17)
의미	자기 자신의 처지에 온전히 만족하며 우리 이웃과 그의 모든 소유에 대하여 정당하고 잘되기 바라는 마음을 가지라는 것(소요리문답 80문)
나의 적용	

< 적용 활동 : 일상에서 이웃 사랑하기 >

👆 다음의 장소들에서 나는 누구와 무엇을 하나요? 그들과 나는 어떤 관계로 지내나요?

① 집　　　② 학교　　　③ 교회

④ 내가 자주 가는 곳:

Q 십계명을 통해 열 가지 하나님 나라의 법을 배웠습니다. 그런데 우리는 하나님 나라의 법을 온전히 지키는 시민으로 살아갈 수 있을까요?

아닙니다. 가장 거룩한 사람이라도 이 세상에 살 동안에는 이러한 순종을 겨우 시작했을 뿐입니다. 그러나 그들은 굳은 결심으로 하나님의 일부 계명만이 아니라 모든 계명에 따라 살기 시작합니다.(하이델베르크 요리문답 114문)

그래서 우리는 하나님의 성령의 은혜를 구하며 끊임없이 노력하고 기도합니다.

하나님, 죄가 늘 문 앞에 엎드려 기다리고 있어서 넘어지기 쉬운 연약한 우리들입니다. 그러나 말씀을 통하여 굳은 결심으로 주님을 붙듭니다. 주님의 도우심으로 하나하나 주님의 계명들을 지키며 가장 행복한 하나님 나라의 시민으로 성숙해 가길 기도합니다.

예수님 이름으로 기도합니다. 아멘.

13과 | 나는 기도가 하나님이 요구하시는 감사의 행동임을 믿습니다.

 12과 복습

1. 십계명에서 말하는 이웃 사랑의 법들을 외워보세요.

2. 지난 한 주 동안에 나는 십계명의 어떤 어떤 계명들에 순종하지 못했나요? 회개의 기도문을 써 봅시다.

 **나는 기도가 하나님이 요구하시는 감사의 행동임을 믿습니다.**

우리는 예수님께서 십자가에서 우리 대신 죗값을 다 치러 주셨기에 믿음으로 의롭다 함을 받고 하나님의 자녀가 되었습니다. 이제 당당한 하나님 나라의 시민이 되었는데, 하나님께서 백성들에게 주신 십계명을

완전히 지키기에는 아직도 턱없이 부족합니다.

 그런데 왜 하나님께서는 하나님의 자녀된 우리들에게 십계명을 지키라 하시는 것일까요?

하나님께서는 우리에게 기도를 요구하십니다!

 오직 탄식하는 마음으로 쉬지 않고 구하고, 그것에 감사하는 사람에게 은혜와 성령을 주십니다. 기도는 하나님께서 우리 그리스도인에게 요구하시는 감사의 가장 중요한 부분입니다. (하이델베르크 요리문답 116문 참조)

1. 평생동안 우리의 죄악된 본성을 더욱더 알고, 그리스도 안에서만 죄용서를 구하고 의로움을 간절히 추구하도록 하기 위함입니다.
2. 이 세상의 삶을 마치고 목적지인 완전에 이를 때까지 하나님의 형상으로 더욱더 변화되기를 끊임없이 노력하고 하나님의 성령의 은혜를 구하도록 하기 위함입니다. (하이델베르크 요리문답 115문 참조)

그러면 어떻게 기도해야 하나님께서 들으실까요?

1. 하나님께만, 그가 말씀에서 우리에게 구하라고 명하신 모든 것을 마음을 다하여 기도
2. 우리 자신의 부족과 비참함을 똑바로 철저히 깨달아 그의 엄위 앞에 겸손히 기도
3. 비록 우리는 받을 자격이 없는 자들이지만, 하나님께서 그의 말씀에서 약속하신 대로, 우리 주 그리스도 때문에 우리의 기도를 분명히 들어주신다는 이 확실한 근거를 가지고 기도   (하이델베르크 요리문답 117문 참조)

그러면, 하나님께서는 우리에게 무엇을 구하라고 명하셨나요?

> 영혼과 몸에 필요한 모든 것을 구하라고 하셨는데, 그것은 그리스도 우리 주께서 친히 가르쳐 주신 기도에 다 담겨 있습니다. (마태복음 6:9-13, 하이델베르크 요리문답 118문 참조)

♥주기도문의 내용을 정리해 보아요 (마태복음 6: 9-13)	
시작	하늘에 계신 우리 아버지!
관계 능력	우리의 기도의 기초, 하나님께서는 그리스도로 말미암아 우리 아버지가 되셨으므로 우리가 믿음으로 구하는 것을 절대 거절하지 않으신다. 그분은 하늘에 계신 전능하신 능력으로 우리의 몸과 영혼에 필요한 모든 것을 주실 수 있으므로 우리는 기대하며 기도할 수 있다.(하이델베르크 요리문답 120, 121문 참조) 또한 기도는 그리스도의 몸 된 교회의 지체들로서 우리가 다른 사람과 함께 기도하고 다른 사람을 위하여 기도할 것을 가르칩니다.(소요리문답 100문 참조)
간구1	이름이 거룩히 여김을 받으시오며
	주님을 바르게 알고, 주님이 행하신 모든 일들을 거룩히 여기고, 찬송하게 하소서. 우리의 모든 삶을 지도하셔서 우리의 생각과 말과 행동을 통해 주님의 이름이 영광받고, 찬송받게 하소서.(하이델베르크 요리문답 122문 참조)
간구 2	나라이 임하옵시며
	주님의 말씀과 성령으로 우리를 통치하시사 우리가 점점 더 주님께 순종하게 하옵소서. 교회는 하나님 나라를 위해서 하나님의 말씀과 성령으로 다스리심 받는 기관이므로 주님의 교회가 보존되고, 건강하게 성장하게 하소서. 반면에 주님을 대항하고 하나님의 말씀에 반대하는 마귀와 모든 악한 의논들을 멸하여 주옵소서. 주님의 나라가 온전히 이루어져 주께서 만유의 주가 되실 때까지 말씀을 전파하고, 성례를 신실히 행하고, 이웃에게 선을 베풀고, 그들에게 회개의 메시지를 전하고 간절히 기도하게 하소서. 하나님께서 오셔서 나라를 이루어주소서.(하이델베르크 요리문답 123문 참조)
간구 3	뜻이 하늘에서 이룬 것 같이 땅에서도 이루어지이다.

		우리가 자신의 뜻을 버리고 하나님의 뜻에 순종하게 하소서. 자신이 맡은 직분과 소명들을 즐거이 충성스럽게 행하게 하소서.(하이델베르크 요리문답 124문 참조)
간구 4	오늘날 우리에게 일용할 양식을 주옵시고	
		우리 몸에 필요한 모든 것을 내려 주시며, 그리하여 오직 주님이 모든 좋은 것의 근원임을 깨닫게 하소서. 오직 주님만 신뢰하게 하소서.
간구 5	우리가 우리에게 죄 지은 자를 사하여 준 것 같이, 우리 죄를 사하여 주옵소서	
		우리 안에 있는 주의 은혜의 증거로 인해 우리가 이웃을 용서하기로 굳게 결심한 것처럼, 그리스도의 보혈을 보시사 우리의 죄과와 여전히 우리 안에 있는 부패를 불쌍한 죄인인 우리에게 돌리지 마옵소서.(하이델베르크 요리문답 126문)
간구 6	우리를 시험에 들지 말게 하옵시며 다만 악에서 구하옵소서	
		하나님께서 우리를 지켜주셔서 우리가 죄에 이르는 시험을 당하지 않게 하시고, 시험을 당할 때에는 우리를 붙드시고 구원하여 주시기를 구합니다.(웨스트민스터 소요리문답 106문 참조)
마무리	대개 나라와 권세와 영광이 아버지께 영원히 있사옵나이다. 아멘	
송영	주님께서 가르치신 기도의 맺음말은 우리로 하여금 기도할 담력을 오직 하나님께로부터 얻고, 나라와 권세와 영광을 하나님께 돌림으로써 기도할 때에 하나님을 찬송할 것을 가르칩니다. 우리의 기도를 들어주시리라는 소원과 확신의 표시로 우리는 아멘이라고 합니다.	

예수님께서 가르쳐주신 기도가 최고의 모범입니다. 그 뜻을 잘 기억하면서 주기도문으로 다 함께 기도합시다. (천천히 한 목소리로 묵상하며 기도)

♥ 적용활동1 : 나의 기도시간과 장소 정하기

기도 시간 :

기도 장소 :

중요한 기도의 제목들 :

👆 나만의 "기도 방석"을 만들어봅시다.

하루에 한 번 이상 하나님과 조용한 기도의 시간을 갖도록 해요. 5분, 10분 점차 하나님과 깊은 대화의 시간, 하나님의 마음을 깨닫는 시간을 마련해봅시다. 기도 방석만 있으면 어디나 기도의 자리가 될 수 있으니, 나의 기도 방석을 만들어봅시다.

* 기도의 사람 "조지 뮬러" 이야기

♥ 조지 뮬러는 일생동안 수십 만 번 이상 기도 응답을 받았습니다. 기도 응답을 적어 둔 내용이 노트로 3천 페이지가 되었습니다. 이 말은 그는 기도한 대로 모두 응답 받았다는 말입니다. 조지 뮬러는 고아원을 운영하면서 한 번도 사람에게 부탁하지 않았습니다. 그는 오직 하나님의 기도 응답으로 고아원을 운영했습니다. 조지 뮬러에게는 기도에 대한 분명한 원리가 있었습니다.

1. **조지 뮬러는 기도한 것에 대하여 분명한 믿음으로 응답을 기대한 사람입니다.**
"기도한 후에 응답을 기대하는 것은 곧 믿음의 표현이므로 응답에 대한 믿음의 기대를 저버리면 그만큼 기도의 응답을 받기 어렵다."

2. **뮬러는 하나님께서 정하신 때에 그분의 방법대로 이루어 주심을 확신했습니다.**
"기도할 때에 하나님의 응답 시간과 하나님의 응답 방법을 바로 이해하지 못하는 사람은 기도에 가장 낙망하기 쉬운 자이다."

3. **뮬러는 하나님 한 분만을 유일한 호소의 대상으로 삼았습니다.**
"하나님 한 분 만을 유일한 도움으로 삼으면 미래에 대한 불안이나 현재의 불만이 모두 없어진다. 왜냐하면 아버지 하나님께서 친히 그의 인생을 책임져주시기 때문이다."

4. **뮬러는 기도함으로 하나님께 철저히 맡기는 삶을 살았습니다.**
"자신의 생명과 자신의 문제를 송두리째 하나님께 맡길 수 있는 사람은 믿음이 큰 사람이다. 반면에 맡기지 못하는 사람은 그 대신 자신이 그 짐을 근심하며 지고 가야 한다."

5. **뮬러는 매사에 성령을 갈급히 사모했으며 유일한 인도자로 의지했습니다.**
"성령의 지배를 받는 생활은 진정한 그리스도인의 삶으로 결코 세상과 마귀에게 지배당하지 않는다."

6. **뮬러는 응답 받을 때까지 결단코 포기하지 않는 인내의 믿음을 소유한 사람이었습니다.**
뮬러에게 인내가 없었다면 그는 아무 일도 할 수 없었을 것입니다. 뮬러가 다섯 명의 친구들을 위해서 기도한 지 1년 6개월 만에 한 친구가 회심했고, 5년 후에 한 명이 더 회심했고, 6년 만에 세 번째 친구가 회심했고, 뮬러가 죽기 1년 전인 24년 만에 네 번째 친구가 회심했습니다. 뮬러가 죽은 후 몇 달 만에 마지막 친구가 회심했는데 그 기도는 52년 동안 계속된 것이었습니다.

14과 | 예수 믿는 나는 죽어도 영생 얻음을 믿습니다.

 13과 복습

1. 우리는 왜 기도해야 하나요?

2. 주님이 가르쳐주신 기도의 6가지 간구 내용을 설명해보세요

(1-13과까지의 내용 흐름 기억하기)

 **예수 믿는 나는 죽어도 영생 얻음을 믿습니다.**

< 도입 질문 >

1. 나는 몇 살까지 살고 싶나요?
2. 인간은 어디에서 와서 어디로 가는 것일까요?

< 1. 예수 믿는 그리스도인들에게 "죽음"의 의미 >

1. 예수님을 믿는 사람들은 믿음으로 살아가다가 육체를 가진 인간이기에 죽음을 맞이하게 됩니다. 그런데 예수님께서 오셔서 대신 죽어 주심으로 인류의 모든 죄의 형벌을 감당하셨는데도 왜 우리는 죽어야 할까요?

로마서 6장 23절:

히브리서 9장 27절 :

요한복음 5장 24절 :

> **하이델베르크 요리문답 42문**
> 42문: 그리스도께서 우리를 위해서 죽으셨는데 우리도 왜 여전히 죽어야 합니까?
>   답: 우리의 죽음은 자기 죗값을 치르는 것이 아니며,
>   단지 죄짓는 것을 그치고, 영생에 들어가는 것입니다. (요한복음 5:24)

2. 그러면 죽은 자들의 육체는 무덤에 묻히거나 최근에는 화장을 하여 가루만 남게 되는데, 예수님과 함께 부활한다는 것은 무슨 말입니까?

1세기 예수님의 제자들은 많은 핍박 속에서 하나님 나라가 이 땅에 임하기를 고대하였습니다. 예수님의 제자들, 사도 바울, 신약의 많은 교회 성도들이 고난 중에서도 예수님을 믿고, 전파하며 살면서 죽음 이후에 그들이 만나게 될 천국 보좌의 예수님을 바라보았고, 소망했습니다.

< 2. 하나님 나라는 어떤 곳일까요? >

사도 요한은 예수님을 전하다가 밧모섬에 유배가게 되었고, 거기에서 죽음을 맞이하게 됩니다. 그는 성경의 마지막 책, 요한계시록에서 그 고독하고, 고통스러운 삶 중에 하나님께서 그를 위로하시기 위해, 또한 앞으로 계속해서 이 땅을 살아갈 성도들을 위해 보여주신 환상을 하나님의 명령대로 잘 기록했습니다. 우리는 이 말씀을 통해 하나님 나라의

모습을 그려볼 수 있습니다.

성경 본문: 요한계시록 21장 1-8절

> **제 21 장 새 하늘과 새 땅**
> 1 또 내가 새 하늘과 새 땅을 보니 처음 하늘과 처음 땅이 없어졌고 바다도 다시 있지 않더라
> 2 또 내가 보매 거룩한 성 새 예루살렘이 하나님께로부터 하늘에서 내려오니 그 준비한 것이 신부가 남편을 위하여 단장한 것 같더라
> 3 내가 들으니 보좌에서 큰 음성이 나서 이르되 보라 하나님의 장막이 사람들과 함께 있으매 하나님이 그들과 함께 계시리니 그들은 하나님의 백성이 되고 하나님은 친히 그들과 함께 계셔서
> 4 모든 눈물을 그 눈에서 닦아 주시니 다시는 사망이 없고 애통하는 것이나 곡하는 것이나 아픈 것이 다시 있지 아니하리니 처음 것들이 다 지나갔음이러라
> 5 보좌에 앉으신 이가 이르시되 보라 내가 만물을 새롭게 하노라 하시고 또 이르시되 이 말은 신실하고 참되니 기록하라 하시고
> 6 또 내게 말씀하시되 이루었도다 나는 알파와 오메가요 처음과 마지막이라 내가 생명수 샘물을 목마른 자에게 값없이 주리니
> 7 이기는 자는 이것들을 상속으로 받으리라 나는 그의 하나님이 되고 그는 내 아들이 되리라
> 8 그러나 두려워하는 자들과 믿지 아니하는 자들과 흉악한 자들과 살인자들과 음행하는 자들과 점술가들과 우상 숭배자들과 거짓말하는 모든 자들은 불과 유황으로 타는 못에 던져지리니 이것이 둘째 사망이라

1. 이전의 땅들은 없어지고 새 하늘과 새 땅이 하늘로부터 내려옵니다. 그 하나님 나라의 가장 큰 특징은 무엇일까요?

> 요한계시록 21장 3절 :

2. 하나님이 우리와 함께 하시니 다시는 ☐☐이 없습니다. 이제 울고 고통하는 일이 없습니다. 육체적, 정신적 ☐☐도 없습니다. 죄로 인해 이 땅에 들어 온 모든 고통과 슬픔은 다 없어집니다.

3. 그리고 이 땅에 오셔서 우리와 함께 하시는 하나님께서 만물을 □□게 하십니다.

4. 처음과 마지막이신 하나님께서 구원을 □□하시고, 영원한 □□을 주십니다.
"… 이루었도다 나는 알파와 오메가요 처음과 마지막이라 내가 생명수 샘물을 목마른 자에게 값없이 주리니" (계 21:6)

5. 그리고 하나님께서 □의 하나님이 되시겠다고 선포하십니다.

6. 그러나 예수님을 믿지 않는 자들은 마지막 날에 심판을 받습니다. 이것이 둘째 사망입니다. 8절에서 둘째 사망에 들어갈 자들을 적어보세요.

* 그들에겐 하나님 나라의 오심은 두려운 날입니다. 심판의 날이기 때문이죠.

Guido de Bres' Love Letter to His Wife – Apri 1567

하나님 나라를 소망하며 순교한 네덜란드 신자들

기독교 역사상 하나님 나라를 바라고 살았던 많은 사람들이 있었습니다. 이제 **16세기 벨기에 지역에 살았던 사람들을 소개하고자 합니다**. 그들은 카톨릭 국가였던 스페인의 식민 통치하에 살고 있었습니다. 그런데 배를 타고 드나드는 사람들에 의해 칼빈주의 개신교 신앙을 전해 듣고 개신교 신자들로 개종하게 되었습니다. 벨기에 지역에 살던 사람들은 지금의 네덜란드 사람들입니다. 당시에는 한 나라였습니다. 그런데 카톨릭 신앙으로 국가를 통치하고자 했던 스페인 국왕은 이 네덜란드 개신교인들을 박해하기 시작합니다. 그들은 스페인 국왕의 통치에 반대하지 않는 성실한 시민일 뿐이었으나 개신교를 이단으로 몰아 잡아 처형했습니다. 그리하여 수많은 개신교도들이 순교하는 일이 일어났습니다.

그러한 상황 속에서 개신교 목사이자 신학자인 귀도 드브레는 그들이 믿는 바를 정리하여 1561년 벨직 신앙고백서를 작성합니다. 그리고 그 책을 스페인 국왕이 있는 궁전 안으로 던져 넣었습니다. 자신들은 스페인 국가에 저항하는 세력이 아니므로 더 이상 박해하지 말아달라고, 그리고 마지막 글에는 계속하여 신자들을 박해하면 마지막 날에 하나님의 두려운 심판이 있을 것이라는 강력한 메시지를 그들에게 선포합니다.

결국 귀도 드브레는 붙잡혀서 순교당하고, 또 그 신앙고백서를 가지고 있었던 수많은 신자들도 순교당하고 맙니다. 이때의 순교자의 수가 1세기 기독교 박해로 인한 순교자보다 훨씬 많았다고 합니다. 그러나 칼이 그 진리를 덮을 수 없었고, 그 믿음은 네덜란드 전역에 퍼져서 네덜란드는 스페인으로부터 개신교 신앙을 보호받기 위해 독립운동을 시작하게 됩니다. 그 이후 1619년 이 벨직 신앙고백서는 네덜란드 전 교회가 참된 믿음으로 세워지도록 하는 공식 신앙고백서로 채택됩니다. 하이델베르크 요리문답, 도르트 신조와 함께 가정과 학교와 교회의 신앙과 삶을 가르치는 교과서가 됩니다.

이 벨직 신앙고백서(네덜란드 신앙고백서라고도 함) 37조에 그 당시 네덜란드 개신교도들의 하나님 나라에 대한 강력한 소망이 기록되어 있습니다. 그들은 이러한 믿음이 있었기에 죽음도 감수하였던 것입니다.

그들은 이 땅에서 원수 갚지 않고 하나님께서 마지막에 심판하실 것을 믿고, 하나님의 "진노하심에" 맡겼습니다.(롬 12:19, 벧전 2:23). 죽기까지 예수님의 본을 따랐던 자들입니다.

다음의 벨직 신앙고백서 마지막 조항 37조에서 네덜란드 신자들의 재림 신앙을 살펴봅시다.

> **벨직 신앙고백서 37조.**
> 끝으로 우리는 하나님의 말씀에 따라 주께서 약속하신 때가 이르고 구원받은 수가 차게 되면, 우리의 주이신 예수 그리스도께서는 마치 하늘로 승천하셨듯이, 놀라운 영광과 위엄으로 하늘로부터 이 세상에 가시적인 모습으로 강림하시되, 산 자와 죽은 자를 심판하는 심판주로, 또한 옛 세상을 불과 화염으로 사르셔서 깨끗케 하시는 분으로 오실 것을 믿는다.
> 그때에는 모든 개개인, 즉 남녀노소 할 것 없이 태초부터 지금까지의 모든 사람들이 천사장의 소리와 하나님의 나팔 소리에 의해 놀라운 심판주 앞에 서게 될 것이다. 모든 죽은 자들은 무덤에서 일으킴을 받아 그 영혼과 몸이 연합되어 예전에 살던 모습으로 되어질 것이다. 살아있는 자들에 관해 볼 때, 그들은 죽은 자들과는 달리 죽음을 보지 않은 채 썩어질 모습에서 썩지 않을 빛나는 모습으로 변화될 것이다.
> 그때에 죽은 자들이 이 땅 위에서 선악 간에 행한 그들의 행위를 따라 책들이 펴지고 책들이 기록된 대로 심판을 받게 될 것이다. 진실로 모든 이들은 그들이 말한 무익한 말들, 즉 오락의 말이나 농담조차 판단을 받게 될 것이며, 인간의 말한 것이나 위선조차 밝히 드러내어 보이게 될 것이다. 따라서 심판은 악하고 불경건한 이들에게는 두렵고 떨리는 것이며 택함 받은 의인들에게는 소망과 위로가 되는 것인데, 그 이유는 그 때에야 의로운 자들에게 완전한 구원이 이뤄지며 그들이 수고한 모든 노력과 상급을 받게 되기 때문이다. 또한 그들의 무죄가 모든 이들에게 알려질 것이요 사악한 자들에게 임할 하나님의 무서운 진노를 보게 될 것인데, 이 사악한 자들은 모두가 이 세상에서 무죄한 자들을 박해하고 억누르고 괴롭힌 사람들로서, 그들의 양심의 증거를 따라 심판을 받고 죽지는 아니하되 악한 자들과 악한 천사들을 위하여 예비된 영원한 불 속에서 고통을 받게 될 것이다.
> 그러나 반대로, **선택된 신실한 성도들은 영광과 존귀로 관 쓰임을 받을 것이요**, 하나님의 아들은 아버지와 그 택함 받은 천사들 앞에서 성도들의 이름을 밝히게 되고, 그들의 눈에서 모든 눈물이 씻기움을 받고, 이 세상에서 있을 때 많은 재판관과 통치자들에 의해 이단이요 불경스럽다고 정죄 받은 성도들의 주장이 그때에는 하나님의 아들의 주장으로 되어 질 것이다. 따라서 주께서는 은혜의 선물로서 인간의 생각으로는 도저히 해볼 수 없는 놀라운 영광을 성도들에게 내려 주실 것이다. 그러므로 우리는 우리 주 예수 그리스도 안에서 하나님의 약속을 마음껏 즐길 수 있기 위하여 이 놀라운 날을 간절한 마음으로 고대하는 바이다. 아멘. "아멘 주 예수여 오시옵소서"(계 22:20)

< 3. 벨직 신앙고백서 37조의 내용을 자세히 보고, 예수님의 재림시 일어나는 일들을 적어보세요.>

< 4. 우리에게 영생이 있다는 것은 오늘을 사는 우리에게 무슨 유익이 있나요?>

Q 여러분은 영원히 살고 싶나요?

죽음 이후에 영생이 있다는 사실은 크리스천으로서 우리가 어떻게 살아야하는지 그 방향성을 제시합니다. 그리고 우리가 누구인지 그 정체성을 명확히 알려줍니다.

* 빌립보서 3장 20절:

하이델베르크 요리문답 58-59문
58문: "영원한 생명"은 당신에게 어떠한 위로를 줍니까?
  답: 내가 이미 지금 영원한 즐거움을 마음으로 누리기 시작한 것처럼(요 17:3), 이 생명이 끝나면 눈으로 보지 못하고 귀로도 듣지 못하고 사람의 마음으로도 생각지 못한 완전한 복락을 얻어 하나님을 영원히 찬양할 것입니다.
59문: 이 모든 것(사도신경)을 믿는 것이 당신에게 지금 어떤 유익을 줍니까?
  답: 그리스도 안에서 나는 하나님 앞에 의롭게 되며 영원한 생명의 상속자가 됩니다. (롬1:17)

Q 옆 사람과 자신들이 기대하는 하나님 나라의 모습을 나누어보세요.

오늘 배운 믿음의 내용을 한 문장으로 정리해봅시다.

_____

_____

하나님 나라를 소망하며 드리는 기도

예수님의 이름으로 기도합니다. 아멘.

15과 | 나는 믿음의 고백으로 성찬의 자리에 나아갑니다.

 14과 복습

1. 성경을 통해 배운 하나님 나라의 특징들을 말해보세요.

2. 나는 죽으면 어떻게 되나요? 신자의 죽음 이후의 과정을 설명해 보세요.

< 지금까지의 입교 교육 과정을 정리해봅시다. >

 우리가 믿는 바는 무엇입니까?

♥ 우리는 하나님이 온 세상을 창조하셨고, 나도 하나님 형상으로 창조하셨음을 믿습니다.
♥ 우리는 그 하나님을 성경을 통해 알 수 있고, 성경이 하나님의 말씀임을 믿습니다.
♥ 우리는 성경을 통해 하나님을 만나고 하나님의 뜻을 알게 됩니다. 성경이 알려주시는 하나님은 삼위일체로 우리와 언약을 맺으시고 우리를 구속하시는 분이심을 믿습니다.
♥ 우리가 인류의 시조 아담과 하와의 범죄 이후 날 때부터 죄인이며, 지금도 계속해서 하나님의 뜻에 불순종하는 죄인임을 깨닫고 회개합니다.
♥ 공의로우시나 사랑이 많으신 하나님께서는 인간의 죄로 깨어진 하나님과 인간의 관계를 회복하시기 위해 중보자로 예수님을 이 땅에 보내주셨음을 믿습니다.
♥ 참인간으로 이 땅에 오신 중보자 예수님은 우리 대신 죄의 형벌을 감당하기 위해 십자가에 달려 죽으셨고, 참하나님이시기에 죽음의 권세를 이기시고 승리하셨습니다. 하나님께서는 순종하신 예수님을 높이셔서 부활하게 하시고, 하늘로 올리셔서 하나님 우편에 앉게 하셨습니다. 그분은 마지막 날에 다시 오셔서 이 땅을 심판하시고, 믿는 자들에게 영원한 생명을 주시는 분임을 믿습니다.
♥ 그리고 성령님을 우리에게 보내주셔서 우리와 함께 하시며 구원을 확신시켜 주시고, 우리의 믿음을 일으키고 자라게 하셔서 점차 거룩한 주의 자녀가 되게 하십니다.
♥ 하나님께서는 그리스도의 몸 된 교회를 세워주시고 성도들을 말씀과 성례와 권징으로 교육하십니다.
♥ 신자들은 하나님 나라의 시민들로서 하나님의 법, 십계명을 지킵니다. 이것은 하나님의 구원에 대한 감사의 행동으로 그 법은 하나님 사랑과 이웃 사랑으로 요약될 수 있습니다.
♥ 그러나 하나님의 율법을 완전히 지킬 수 있는 자는 하나도 없기에 우리는 주님이 가르쳐주신 기도로 날마다 은혜와 성령을 구합니다. 성령님만이 우리를 성화시켜 주실 수 있음을 믿습니다.
♥ 신자들도 육체의 죽음을 맞이하게 되지만, 신자의 죽음은 이 땅에서 죄 짓는 것을 마치고, 영생으로 가는 관문임을 믿습니다. 그리스도와 연합된 우리는 예수님이 영광 중에 재림하실 그 날에 부활하여 심판을 받지 않고 영생을 얻으며, 영원히 주님과 함께 왕노릇 할 것입니다. 우리는 그 하나님 나라를 소망합니다.

 **나는 믿음의 고백으로 성찬의 자리에 나아갑니다.**

< 도입 질문 >

1. 지금까지 받았던 선물 중 가장 기뻤던 선물은?

2. 사람들은 약혼이나 결혼의 증표로 무엇을 주나요?

< 세례는 언약의 표징 >

우리는 삼위 하나님의 이름으로 유아 세례를 받았습니다.

Q 성부 하나님이 우리에게 하시는 약속은 어떤 것들이 있을까요?

1. 성부의 이름으로 세례를 받을 때, 성부 하나님께서는 우리와 영원한 은혜의 ☐☐을 맺어주심을 선언하고 인을 쳐주십니다.
2. 창조주 하나님은 우리를 보호하시고 ☐☐하십니다.
3. 예수님의 보혈로 말미암아 우리를 그분의 ☐☐와 ☐☐☐ 삼아 주십니다.

4. 그러므로 우리에게 모든 좋은 것을 주시고, 모든 악을 피하게 하여 주시고, 또는 합력하여 선을 이루도록 해주십니다.

Q 성자 예수님의 이름으로 세례를 받을 때 우리에게 어떤 약속을 해 주시나요?

예수님께서는 우리 죄를 모두 씻어서 정결케 하시고, 우리를 그분의 ☐☐과 ☐☐에 연합시켜 주셔서 죄로부터 해방되고, 하나님 앞에 의로 여기심을 받습니다.

Q 성령 하나님의 이름으로 세례를 받을 때 우리에게 주시는 약속은 무엇일까요?

성령님께서 우리 안에 거하셔서 우리를 그리스도의 살아있는 ☐☐로 만드십니다. 우리는 성령님의 전입니다. 그리스도가 이루신 구원을 우리에게 적용하셔서 죄 사함을 받고 새로운 삶을 살게 하십니다. 예수님을 ☐라고 고백하게 하십니다.

세례는 바로 삼위 하나님께서 위의 언약의 내용들을 이루어주시겠다고 인쳐주시고, 보증해주시는 중요한 의식입니다. 그러므로 여러분의 부모님은 믿음으로 하나님과 성도들 앞에서 신앙을 고백하셨고, 그 믿음으로 여러분이 아기 때 이 놀라운 언약의 보증을 받게 된 것입니다.

성부와 성자와 성령의 이름과 여러분의 이름이 연결되었습니다. **하나님의 ☐☐이 여러분을 끝까지 붙드실 것입니다.**

< 유아 세례는 구약의 할례에서와 같이 언약의 자손에게 주신 은혜의 표징입니다. >

 유아 세례를 받은 아기는 자라서 어떠한 신앙의 과정을 밟게 되나요?

1. 가정과 교회에서의 ☐☐☐☐
2. 지금까지 배워 온 신앙의 내용을 정리하며 자신의 믿음을 고백하는 시간 ☐☐☐
3. 그 후에 ☐☐에 참여하게 됩니다.

< 성찬 >

입교를 거쳐 믿음의 고백으로 여러분은 성찬에 참여합니다. 세례와 성찬은 예수님께서 정하신 은혜의 수단입니다. 말씀과 함께 성찬은 성도들이 구원의 확신을 얻고 믿음이 자라도록 돕습니다.

눅 22:19-20
또 떡을 가져 감사 기도 하시고 떼어 그들에게 주시며 이르시되 이것은 너희를 위하여 주는 내 (   )이라 너희가 이를 행하여 나를 기념하라 하시고 저녁 먹은 후에 잔도 그와 같이 하여 이르시되 이 잔은 내 (   )로 세우는 새 언약이니 곧 너희를 위하여 붓는 것이라

성찬은 예수님의 죽음에 앞서 시행된 식사에서 시작됩니다. 예수님은 마지막 식사 가운데 자신의 죽음을 기억하게 하시고, 이 의식이 제자들

만 아니라 앞으로 모든 성도들에게 시행되길 명하셨습니다. 소요리문답은 성찬에 대해 다음과 같이 이야기하고 있습니다.

> **소요리문답 96문**
> 96문: 주님의 성찬이 무엇입니까?
> 　답: 주님의 성찬은 그리스도께서 정하신 대로 떡과 포도주를 주고 받음으로써 그의 죽으심을 나타내 보이는 성례입니다. 주님의 성찬을 합당하게 받는 사람은 물질적이고 육신적인 태도가 아니라 믿음으로 받고, 그리스도의 몸과 피에 참여하여서 주님의 모든 유익을 받고 신령한 양식을 먹고 은혜 안에서 장성합니다.

Q 하나님은 설교를 통해 말씀을 선포하게 하셨는데, 왜 또 성찬을 행하라 하셨을까요?

Q 성찬은 1년에 몇 번 거행하면 좋을까요?

Q 성찬식 때 떡과 포도주가 무슨 역할을 하는 것일까요?

우리가 집에서 빵과 포도주를 먹는 것과 성찬식에서 빵(떡)과 포도주를 마시는 것은 무엇이 다를까요? 그 차이들을 이야기해보세요.

1) 성찬식은 주님이 하라고 명하신 구별된 의식이다.

2) 믿음으로 모인 공동체인 교회에서 목사의 손에 의해 시행되어야 한다.

3) 떡과 포도주를 먹고 마시는 의미를 성경 말씀으로 정확히 선포하고, 설명되어야 한다.

4) 예수 그리스도의 죽으심을 기억하며 그리스도와의 연합을 체험하는 은혜의 자리다.

5) 성령님께서 역사하셔서 믿음으로 참여하는 성도들에게 하나님의 새 언약을 확실히 믿도록 눈으로, 입으로 체험하게 하시는 하나님의 눈높이 교육이다.

6) 함께 참여하는 성도들 간에도 그리스도의 몸의 지체로 하나 됨을 체험하는 시간이다.

 성찬에서 말씀과 성령의 역할

성찬식에서는 성찬과 관련된 '말씀'이 먼저 선포되고 그것을 듣고 믿을 때 은혜를 받을 수 있습니다. 따라서 성찬에 참여하는 자들에게는 '믿음'이 중요합니다. 이 믿음의 역사는 성령께서 주관하십니다. 성령님은 성례(세례와 성찬)를 통해 우리의 믿음을 지탱시키고, 양육시키며, 확증시키고, 증진시킵니다. '표징'을 통해 주어지는 의미들을 '말씀'으로 가르치시고 우리의 마음을 열어 믿음을 자라게 하시는 것입니다.

성령님의 역사를 통해 우리는 세례 시에 옛사람이 죽고 그리스도와의 연합된 새사람이 되었음을 경험하고, 계속하여 성찬을 행함으로 그리스도와 연합된 자임을 기억하고, 확증합니다. 비록 우리가 먹고 마시는 떡과 포도주가 실제 예수님의 몸과 피는 아니지만, 이 상징적인 수단을 통해 여전히 내가 예수님과 하나 되어 있음을 깨닫고 결단하며 하나님의 은혜 안에 머물러 있음을 감사할 수 있습니다.

이제 입교 교육을 마무리합니다. 우리의 머리로 배운 지식들, 믿음의 내용들이 마음으로 믿어지고, 입으로 고백되는 중요한 과정들이 남았습니다. 우리는 무엇을 공적으로 고백(Profession of Faith)할까요?

> **하이델베르크 요리문답 21문**
> 참된 믿음은 하나님께서 그의 말씀에서 우리에게 계시하신 모든 것이 진리라고 여기는 확실한 지식이며, 동시에 성신께서 복음으로써 내 마음 속에 일으키신 굳은 신뢰입니다. 곧 순전한 은혜로, 오직 그리스도의 공로 때문에 하나님께서 죄 사함과 영원한 의로움과 구원을 다른 사람 뿐만 아니라 나에게도 주심을 믿는 것입니다.

〈 다 함께 드리는 기도 〉

아브라함과 언약을 맺으시며 "내가 내 언약을 나와 너 및 네 대대 후손 사이에 세워서 영원한 언약을 삼고 너와 네 후손의 하나님이 되리라"고 말씀하신 하나님,

우리를 삼위 하나님의 언약으로 묶어주시고, 이 놀라운 구원의 은혜를 주심에 감사합니다. 이제 입을 열어 하나님께 감사하며, 모든 성도들 앞에, 주님이 나의 주 나의 하나님이심을 고백하게 하여 주옵소서. 지금까지 배운 모든 것들이 믿어지는 은혜를 주옵소서. 이 교육의 과정에 참여한 모든 사람들이 믿음으로 주님께 반응하도록 은혜 주옵소서. 예수님의 이름으로 기도합니다. 아멘.

입교 문답까지 남은 시간 동안에 지금까지 배운 내용들을 나의 신앙고백문으로 정리해봅시다. 그리고 믿음을 고백하는 교회의 공적 의식에 나아가는 나의 결심을 적어보세요.

입교 문답까지 남은 시간 동안에 지금까지 배운 내용들을 나의 신앙고백문으로 정리해봅시다. 그리고 믿음을 고백하는 교회의 공적 의식에 나아가 나를 일찍이 택하시고 구원의 공동체에 속하게 하셔서 이 자리까지 인도해주심에 감사하는 시간이 되길 바랍니다.

참고 문헌

『기독교강요 하』 존 칼빈, 김종흡 외 공역, 생명의 말씀사, 1986.
『하이델베르크 요리문답』 독립개신교회 교육위원회 옮김, 성약출판사, 2014.
『웨스트민스터 소요리문답』 독립개신교회 교육위원회 옮김, 성약출판사, 2011.
『요한네스 칼빈의 제네바 교회의 교리문답』 요한네스 칼빈 지음, 박위근/조용석 편역, 한들출판사, 2010.
『뉴시티 교리문답 키즈(우리의 신앙을 굳건히 세워 줄 52개 문답)』 복음연합, 리디머장로교회 지음, 죠이선교회 출판부, 2018.
『영원한 언약: 유아 세례 예식문 해설』 김헌수 지음, 성약출판사, 2014.
『30주제로 풀어쓴 기독교 강요』 문병호 저, 생명의 말씀사, 2013.
『구원: 삼위 하나님의 역작』 이재현 지음, 킹덤북스, 2018.
『벨기에 신앙고백 해설: 개혁교회 신앙고백』 허순길 지음, 셈페르 레포르만다, 2016.
『세례반에서 성찬상으로: 공적 신앙고백 예식문 해설』, 카렐 데던스 지음, 양태진 옮김, 성약출판사, 2016.
I believe : Getting ready to profess my faith, Faith Alive Christian Resources, Grand Rapids, Michigan, 2004.
『우리의 세상은 하나님의 것이다: 미국CRC 교단의 현대신앙문서』 Grand Rapids, Michigan, 2008.